我が闘争

愛馬メアリー、愛犬ベティと歩んだ東北復興
全九回の選挙戦回顧

金山 屯
KANAYAMA Jun

文芸社

目次

二〇一九年　白河市西白河郡福島県議会議員選挙

新しい順から記憶を辿って遡ろう。まさに涙、涙の闘争の十二年間だった。嬉し涙、悲しい涙、悔し涙、嘆きの涙等々こもごもに、人生楽あり、苦もある水戸黄門の主題歌のごとくで、思えば幸せな十二年間だったと回顧したいところだが、そうでもない悪戦苦闘の我が闘争史。

決して自慢できるものではないが、七十九歳となった今、戦争を知る最後の世代でもあり、その世代を代表しての闘争だったと思えば、読み手に参考になることもあろうと筆を執った次第、拙文ながら心を込めて書き残したいと思う。特に、戦争を知らない世代に向けて。

私ども夫婦は共に病弱体質で子宝に恵まれずに今があり、子があれば躾と称して我が子を叱るなどがあったでしょうが、そんなわけで叱り上手とはいかずに高齢となり、なぜか選挙に出て人を叱り飛ばすのが私のストレス解消になってきました。

私にとって最後の出馬になるだろう令和元年福島県議会議員選挙、無投票阻止という大義名分も後押しして、選挙民を相手に、NHK『チコちゃんに叱られる!』の「ボーっと生きてんじゃねーよ!」に真似て叱り通したからでしょう。無投票阻止の大義は評価されずに、供託金没収という惨憺たる得票結果に終わった次第。

福島県にとっては台風19号とそれに続いた大雨の被害の最中の選挙となり、「選挙どころじゃねえだろう」と無投票がほぼ決まっていた白河市西白河郡の選挙区、告示日の三日前、私の突然の出馬に対する大きなバッシングが重なって、福島県にとって無投票のワースト記録は免れたものの呆れ返った選挙結果となった。

これは私にではなく、選挙民の自立心の低さに対してだ。投票率も最低記録を更新したようだ。

これで私がシュンと落ち込むかと思いきや、天性の楽天家なのでしょうか、一向に反省することもありません。福島県の無投票ワースト記録を阻止した候補者を供託金没収処分にするとは何事ぞと、嘆いて呆れてまたまた説教。これでは何回選挙に出ても落選でしょうね。

わかっちゃいるけどやめられないのが私たちの世代の傾向なのでしょう。「当選目的で立候補しているわけじゃねえ」って開き直っています。でも心の片隅では「くそ〜、六十万円も取りやがって」と根に持って、いつかぶんどり返してやるぞと思うのですが、ほとんど戻ってきたためしがありません。情けない話です。これは私に対して。

でも、でもです。悔し涙になりますが、今回の選挙、本当にマジで勝ちたかったし、少なくとも前回の市議選（得票数八〇票で落選）みたいな供託金没収はないだろうと……。

しかしながら、とほほの最悪の結果、その悔しさの思いのたけを書きたくて、今回の出版となりました。

前回の市議選の八〇票は信じられない数字なのです。というのは、私自身が住んでいる新白河は旧市街地ではなく、東北新幹線の新白河駅前で、元々は田地田畑だった場所、いわば新興地区です。また、事務所があるのは「みさか」という場所で、まさにバリバリの新興マンモス団地。いずれも優に有権者は千人を超します。

私は町内会の役員、それもあの大震災時に防犯部長をやっていましたから、まさかまさかの得票数だったのです。やはり七十九歳という年齢がネックになったのではないかと分析して自分を慰めてはいるのですが……。新人で若い人がたくさん出たし、特に若い女性が元気に飛び回っていたから爺さんの出る幕はなかったんだろうな……と。

それにしてもその得票数で県議選立候補はないんじゃないのという声もあるでしょう。言い訳がましくなりますが、自分擁護に言わしてもらえば、当初はまったく出馬は考えていませんでした。ところが、民報、民友、読売と各新聞社の記者さんから何度も問い合わせを受けて、何せ八回も選挙に出ている前科者ですから、記者さんたちもしつこく鎌をかけて私の出馬を聞き質すものですから、

「いえ絶対に出ませんよ。前のこと（八〇票）がありますから、出たら笑われるだけでしょう。出るんだったら矢吹町長選ですね」

と答えていたのです。

実際に矢吹町長選には大きな関心を持って調べていました。現職の野崎町長は任期満了で次に出れば五期目になり、いくら何でも長すぎる。安倍政権も長いことを自慢しているが実績はないし、自分が選んだ大臣の問題発言や不祥事が続いて、権力の座に長くいるのは弊害のほうが多いのです。

記者たちとそんなやり取りをしている最中に、矢吹町議会が百条委員会を立ち上げるなど、町長の周辺が一気に騒がしくなったようで、私は出馬の下調べに矢吹町を訪れました。選挙出馬の下調べにです。

驚きました、その日（十月二十二日）は天皇即位礼正殿の儀に当たる、まさに旗日でしたから、さぞかし町内には国旗が掲揚されて祝っているかと思いきや、国旗を掲揚している家は一軒も見ることはできませんでした。

さらに矢吹町役場に行ってみると、国旗は掲揚されてはいるものの、日の丸らしき赤い布地がわずかに残った、国旗とはとても思えないぼろ切れが、三本の柱の真ん中ではためいているではありませんか。

これは白河も同様で、国の祝日を誰一人として祝っている様子はなく、東京から白河に転居してきての七不思議の一つ。ここ矢吹はもっとひどいな。よし、ここは一つ町長選に出て町を一新しようと真剣《マジ》に思いました。

問題は国旗だけではありません。観光客に対しては駅が玄関でしょう、その玄関のトイレが決して綺麗とはとても言えない状態でした。

観光のメインともいえる大池、たしかにここは素晴らしいと思います。しかしこれまたトイレが綺麗とはいえない状態。「トイレの神様」という植村花菜さんの歌があるが、これではべっぴんさんの女神は寄り付かないだろうに。

こちらも観光地のメインの一つ、あゆり温泉は美人の湯と聞いているがホントかなって思われてしまうのではないか。

私は観光客になった気分で見て回って、疑問に思ったことを大池の売店で聞きました。

来客がないためか、大池の売店では中央の客用の丸いテーブルを四人ものおばちゃん連中が占拠しておしゃべりに夢中、来客のはずの私を完全無視。そこで売店の主らしきおばちゃんに声を掛けました。

「矢吹のお米は美味しいって聞いて来たけど、置いてないの？」

主と思しきおばちゃん、そんなこと世間で言われているとは知らなかったのか、首を傾《かし》げて言いました。

「4号線真っすぐ行くと、〈り菜《さい》あん〉があっから、そこには売ってんべ」

〈り菜あん〉は白河の農協直売所じゃないの～。もうびっくりの連続。さらに「ここには観光客は来ねえヨ」とのこと。

もうびっくりもびっくり、ああ、ここの町長になりたいと本当に思いましたね。矢吹は観光未開地だと……。もったいない、もったいない、観光資源が泣いている。

そんなおばちゃんの「美味しいよ」のお勧めで手にとった大きな大根。大きさにも驚いたが百八十円という安さ。家に帰って大根おろしで食べたら、その美味しかったこと。

これだよ、これこれ。矢吹は純朴な人と人の触れ合いのある素晴らしい住み良い町、これが売りの一番でしょう。町そっくりそのまま丸ごと観光資源じゃんか。

自著のシリーズ本『赤い靴はいてた女の子　コウノトリの郷・白河編』に書きましたが、矢吹は白河の大恩人でもある。

先の大戦で、今の矢吹町文化センターのある場所は矢吹飛行場だった所、ここから神風特攻隊の飛行機が何機も飛び立ち、特攻隊員の若者が帰らぬ人となっている。であれば当然、米軍にとっては格好の標的であり、郡山と同様に空爆を受け壊滅、多くの動員学徒が犠牲になった。

一方、白河はその特攻機を作っていた場所にもかかわらず、まったく空爆を受けず一人の死者も出していない。しかし、現白河旭高校の六人の女子学徒が郡山で犠牲になった。言わば、矢吹、郡山が盾となって白河を守ったことになる。この時、白河には三千人を超す東京からの疎開児童がいたが、誰一人戦死者を出すことなく全児童を無事東京に送り返している。

矢吹町は三鷹市と姉妹都市の交流があると聞く。東京では旗日には都バスをはじめ多くの家庭で国旗を掲揚して祝います。ひたすら純朴なおばちゃんもいいが、東京との交流を一層深めるためにも、これは見習って欲しく思う。

ちょっと選挙の話と離れたようだけど、実はここからが肝心の、私の選挙で一番言いたかったこと。それはまた九回も選挙に出た理由の根源であり、動機であり、揺るがない志、すなわち大志である。そう、あのクラーク博士の「少年よ、大志を抱け」のあの大志です。少年に限ったことではなく、高齢者もまた、大志を抱いて悪いわけがあるまいと。

選挙では各候補者の所見を述べる選挙公報（注1）があります。ところがこの公報が今回なかなか出ませんでした。

私は選挙に出る意思はまったくありませんでしたが、このままでは無投票になると知って出馬を決めたのが告示日の三日前。準備をまったくしないままの出馬、選挙カーなし、ポスターなしで、頼りとなるのがこの選挙公報のみ。慌ただしく書き上げました。

選挙公報は他の現職三人のものとはまったく違っていましたね。それは一目瞭然で、私の公報が一番目立ったように思うが、選挙民に届いたのが投票日の三日前。すでに期日前投票が始まっていて、記録によると、この日までに八千人が選挙公報を見ずに投票を終えている。条件は現職も同じなのだから別に問題なしと選管は言うのだろうか？　公報しか選挙民に訴える手段のない私にとっては大変なハンデになった（実質、私の選挙運動はこの公報が選挙民に届いた七日以降の三日間だけ）と思う。

だから、供託金没収という結果なのではないか？　数字的にはわずか八票で有効投票数の一〇パーセントに及ばなかった。新人候補の私にとっては極めて不利な選挙戦だった。

このことについては、選挙公報と期日前投票の問題点として選挙民の側からの訴えがあって（国政モニター）、これに総務省が答えている記事がネット上にあったので、別記したので参照して欲しい（注2）。

公報に記した私の公約は、東日本大震災をはじめ、次々と襲う自然災害等で生活困窮のため進学を諦めた子供たちを支援するために議員報酬全額を当てることと、若い人たちの人材育成、人材交流を進めるというものである。

特に福島県にとっては若い人の人口流出、企業が募集しても若い人材が集まらないなどの雇用の問題が急務の課題としてあり、現職三人の公報はこの件について一言も触れられていないのはどういうことなのか。特に、現職で自民の二人は今回の当選で五期目となる。長期にわたる安倍政権の緩み、矢吹町長も五期目で失速、驕る平家久しからず、長きにわたる政権には共通する疾患があるように思われる。

私は、議員にはなれなかったけれど、志を断念したわけではない。老人の大志を貫こうとこれからも挫けず、諦めず、人間としての生き様を追い求めて生きていこうと、自分に言い聞かせての毎日だ。

《注1》二〇一九年福島県議会議員一般選挙公報

無所属　金山屯　七十九歳

主な経歴

一、昭和五十七年　四月　東京ガス町田サービス店

二、平成十五年　四月　自然塾　白河乗馬学校自営

政見

福島県県南は東北のゲートウェイであり羅針盤でもあります。よって、先の平成三十年の知事選に訴えた政見を一言一句ぶれずに、今回の県議選に当たっても掲げます。特に今回は令和という新元号に替わったこともあり、まさに東北の時代がやっと来るという期待を込めて、令和の元号名に相応しく郡山を中心とした会津・白河・い

わきに至る広域なエリアを大改造して平和新都市を構築し、東京の副首都を目指します。

これはまた、大阪の都構想に対峙するという大きな目的でもあります。そのためには、県庁の郡山移転なしには成し得ず、東日本大震災の復興を言うならば、まずは県庁移転を第一に画策せねばなりません。しかしながらこれを訴えてもなかなか合意が得られていません。この停滞を打破するために県議員としてできることは人材の育成、及び交流であります。次にその方策を述べます。

人材の育成と交流

交流とは東京と福島との人材交流です。県議員は高額な報酬を得ています。私はこの報酬をすべてこの人材育成と交流に当てます。すなわち、東京あきる野市（宮城県栗原市の千葉卓三郎によって起草された民主的憲法草案として知られる五日市憲法が縁で同市の姉妹都市）に最大四名の女子学生を議員の任期四年間親善使節として派遣致します。

《注2》国政モニターからの意見と総務省の回答

■内閣府大臣官房政府広報室「国政モニター」平成二十七年度意見

期日前投票に間に合わない公報の配布について

選挙における投票を行うにあたって、候補者の経歴や写真並びにもっとも大切な公約を掲載する公報は言うまでもなく重要なものです。公職選挙法第一七〇条において「各世帯に選挙の期日前二日前までに配布するものとする」と規定されております。過去に自治体役員であった私は、公報を全戸に配布しましたが、そもそも選管（市役所）から届くのが遅すぎるのです。二〇〇三年より始まったとされる期日前投票制度ですが、一〇年以上が経過しているというのに未だに改善されない理由と、公報を確認しないままに投票をしなければならない現状に対して対策を検討しているという事であれば教えて戴きたいです。公示日又は告示日の翌日から選挙期日の前日までに投票ができる期日前投票制度は作ったが、公報を確認してから投票したい人は届くまで待って下さいという考えではない事を期待したい。国民が国政に対し声を上げられる唯一の機会なのですから、真剣な御検討を賜りたく存じます。

■期日前投票に間に合わない公報の配布について（回答：総務省）

選挙公報は、立候補者の氏名、経歴、政権などを掲載した文書で、国政選挙時等において発行されるものであり、立候補届受理後に印刷・配布を行うこととなるため、ご指摘のとおり、期日前投票開始日までに選挙人の手元に届かない事例があると承知しています。

期日前投票制度は、選挙人の利便性向上を図るため、選挙当日に用事等がある方が、公示日又は告示日以後に選挙当日と同様に投票を行うことができる制度として導入されたものであり、選挙公報による選挙情報が届かない場合においても、投票が可能な仕組みとなっております。

なお、選挙公報が配布されお手元に届くまでの間でも、印刷原稿の確定以降、各選管によってはＨＰに掲載したり期日前投票所に備え付けたりしている場合もございますので、お住まいの選挙管理委員会にご確認ください。

選挙公報は、選挙人が立候補者の情報を得る重要な媒体の一つと考えております。印刷誤りや配布漏れなどがないよう十分注意した上で、選挙公報発行事務の迅速化を図り、可能な限り早期に配布を完了できるようにするとともに、ＨＰへの掲載等による情報提供について、引き続き各選挙管理委員会に要請してまいります。

二〇一九年　白河市議会議員選挙

前項で書いたが、信じられない得票数、全有効投票数二九〇九八票中わずか八二票。内二票は私と妻だから、実質八十人の方の支持を得ただけということになる。「八」という数字は縁起が良いと慰めに思うが、率にして限りなくゼロに近い〇・二七パーセント。

これが縁起の良い数字八回目の選挙結果。選挙中は七転び八起きだと勝利を確信して元気よく飛び回り、途中で出会う候補者には「お互いに頑張りましょう！」なんて激励する余裕を持っての選挙活動。天性の楽天家もこの結果に大ショック。だからといって、しょんぼりするどころか、次なる矢吹町長選への出馬を策していたのだから、まったく空気の読めない選挙好きな爺さんとの評が定着したんだろうか、それが県議選の得票数となったのでしょう。

嘆き節、泣きのじゅんちゃんなんて、病弱な中高生時代に呼ばれていたことを思い出すが、そんな弱い体質を何とか克服したくて青山学院大学に入学し、動物好きなこともあって馬術部に入部、この馬との出会いで大きく変身。強～いじゅんちゃんになりました。

自分でも信じられない変身でしたね。お馬さんとの出会いで、何事も悲観することなく諦めることなく、挫折も経験の一つ無駄ではないと、常に前向きに対処する、そんな自分を客観視している、お馬さんとの四年間のお付き合いが、そのまま自分の人生のすべてになっていきました。

大きな大きな人生の転換を果たして今があります。これを子供たちに伝えたくて白河乗馬学校を立ち上げましたが、もう数十年にもなるけど一人の生徒も入学してこないし、当然に卒業生もゼロ。でも、九回もの選挙を終えて、福島を離れた男性が遠く九州の福岡から「先生の孤軍奮闘に感激し、応援しています」の声。お隣の泉崎村からは「一家で応援しています」の嬉しい声もいただきました。

声はわずかですけど値千金、大きな励みになっています。七十九歳という高齢ですが、戦争体験の最後の世代、世界がまた大戦を起こすのではないかの危惧を感じ取っています。

戦争を知らない政権のトップである安倍さんが平和憲法を変えたいと声高に言う。主権在民が平和憲法の大前提、権力者が改憲を言うのは本末転倒。私の世代は戦後民主主義教育の第一期生でもある。ここは頑張りどころだろう。

落選に怯まず、落胆せず、若者を信じて、寄り添って、共に明るい未来を構築するために権力者に立ち向かい、今後も戦い続けたいと思う。命尽きるまで。

二〇一八年　福島県知事選挙

ここは詳しく書かねばならないだろう、何せ三百万円もの大金をごっそり没収されているのだから。まずは、政見放送の原稿原文。

■政見放送

日本という国はいま羅針盤を失っています。米国に追いつけ追い越せと一丸となって経済発展を遂げた日本は確かに物質的には豊かな国になりました。しかしその半面、人の心が歪み若者は夢を失ってしまったかのようです。子供たちは「大人になっても良いことなんかない」と退廃的になり、自殺願望をネット上にツイッターするなど、ここ十年、小中高校生の自殺者が年間三百人前後を推移しています。

一方では、欲望の赴くままに行動し、少年（十四〜十九歳）の犯罪率が成人を大きく上回っているのは、先進国にあって日本がダントツと真に憂える現状があります。この子供たちの悲鳴を真摯に大人たちが受け止めなければ、日本の明日はありません。今の日本は、大人が手本を示せなくなってしまった国に成り下がってしまいました。

そんな日本の現状を象徴したのが、森友、加計問題という国家の信頼を損ねかねない大きな騒動です。その中心人物である安倍晋三さんが、騒動の解決を自らすることもなく、実質日本のリーダーを決める自民党総裁の三選を圧倒的な大差で果たしました。このことが福島の子供たちに与える影響を考えた時、これにはっきりとノーを突き付けるには、大人の側である福島県知事にならなければならないと、それを肝に命じて立候補を決意致しました。

福島県の子供たちにとっての現状は、二重三重の非常に厳しいものがあります。戊辰の役後百五十年経った今も、戦死された会津兵は朝敵、国賊扱いで靖国に祀られることが許されていません。その神社に毎年のように安倍晋三総理をトップに多数の国会議員がお参りする姿を見るにつけ、福島の子供たちの尊厳が底なしに萎えていくのを見るのはとても辛く、決して許せるものではありません。

会津を裏切り、攻撃した信濃を故郷に持つ内堀雅雄さんが福島県知事として熱心に取り組んでいる復興ではありますが、福島の子供たちに故郷の誇りを持たせる未来のイメージがそこにはまったく見えてきません。

私は、東日本大震災の復興を言うなら、関東大震災の復興に当たって未来を見据え、江戸時代の名残りを大鉈振って切り捨て、現在の大東京の原型を成し遂げた後藤新平さんを見習いたいと思います。

奇しくも戊辰の役百五十年のこの節目に当たり、知事選出馬となったのも何かの縁、私は、長年にわたっての旧薩長藩閥政治を質し、今も残る朝敵の汚名を返上し、後藤新平さんに倣って、会津、白河、郡山、いわきを合わせて人口二百万、三百万の輝ける未来の平和都市を目指し、戊辰の役の負の遺産である福島県庁を郡山に移転させます。

となれば、子供たちは二重三重の負い目を負うことなく、故郷福島に大きな誇りを持ち、希望溢れる未来に向かって活躍の場を無限に広げられるでしょう。そんな大きな夢のある復興を実現させたいと思います。

＊

以上が三分だったか時間制限されての政見放送の原稿原文です。これはＮＨＫに限らず民放も同じで、ラジオ、テレビ共通です。

続いてこの時の公報も参考に見ていただきたく、そっくりそのまま載せます。

■公報

無所属
金山じゅん
東京都出身　青山学院大卒　七十八歳

○主な経歴

一、昭和五十七年　四月　東京ガス町田サービス店

二、平成十五年　四月　自然塾　白河乗馬学校自営

＝戊辰戦争とは何だったのか＝

概略すれば、利根川を挟んだ西と東の文化（心）の争いだった。即ち、東北7県（新潟を含む）を代表とする東は険しい高い山々に囲まれ海は荒れて良港が無く航海に便を成さず陸上の交通も船運に便利な大きな河川が無く隣国との交流も侭ならず、勢い経済生活は大地に頼るより他は無かった。土地という動かぬものがそこに住む人々の何代にも亘る生活を支配し必然と絆と言う心情が養われた。一方の西は、瀬戸内海が航路の大動脈となり交通の道は自ずと外海に及びその為不断に国内外からの刺激を受け精神的にも心情的にも明るい活発な行動となり、それが閉じ籠るよりは外（侵略？）への発展進展を習性とした方便を心情とする器用な生活を培った。

これだけを聞くと東は頑迷固陋と蔑まされて負けたと言われるところだが、高い

山々に囲まれた会津藩の藩校日新館では優れた人材育成を目的とした東北人としての持つべき心の基礎教育（十歳から）が行われていた。戦いに敗れたとは言えこの日新館から戊辰戦争後に活躍する優秀な人材を数多く世に送り出している。

什《じゅう》の掟

①年長者の言ふことに背いてはなりませぬ　②年長者には御辞儀をしなければなりませぬ　③虚言を言ふ事はなりませぬ　④卑怯な振舞をしてはなりませぬ
⑤弱い者をいぢめてはなりませぬ　《ならぬことは、ならぬものです》

そこで、4つの公約

一、道州制導入を見越して、新たな平和都市《州都》を目指して福島県庁を郡山に移転します。

二、沖縄、東京、何れも東北の復活には欠かせない大切な同志、一層の友好を加速させます。特に、巨大地震が予測される東京については、先ず国の将来を担う若手エリート官僚に限って新幹線通勤費を全額補助し、更には首都頭脳の完全疎開（住居移転）を誘致します。

三、一強独裁の元、東北の心の拠り所である什の掟に悉く反する悪習を繰り返し、国を壊しかねない（森友・加計疑惑など）旧薩長藩閥政治を東北の心《什の掟》を盾にして糺します。

四、早くに地方自治を掲げ東北の心「うつくしま」を目指すも志半ばで知事辞職に追い込まれた佐藤栄佐久元知事の再審請求、或いは恩赦をもって県政復職を強く要望します。

結論、未来を担う東北の子供たちが胸を張って世界に飛び立てるよう東京生まれ東京育ちの私だからできるオール東京をバックに東北の心「うつくしま」を必ずや復活させます。加えて言えば、現職知事の出自は会津に攻め込んだ西の文化圏信濃。敵国の末裔に二期続けて県政を委ねる選択はあってはなりません。「ならぬことは　ならぬものです」。

第二項に加えて言えば、先の大戦時、福島県は東京の学童３万を超える疎開を受け入れ、自らは郡山の大空襲で十五歳の白河高等女学校の動員学徒十四名を含む二百四人の犠牲を出しながらも、疎開児童の全員を無事に帰郷させています。更に言えばこの児童を含めて、東京生まれの東京人は全て奥只見の水、猪苗代湖の水（電気）で育った「うつくしま」の子供なのです。沖縄については既にエーサーのルーツがいわき市と言う事もあって友好関係がありますが、島と山の違いはあるものの同じ平和志向の県民感情、県規模での政治連携を模索します。

以上の事全て、「為せば、成るものです」

＊

政見放送と公報を見ていただきましたが、私の選挙運動はこの二つが命です。県知事選は福島県全域が選挙エリア、私の選挙は後援会があるわけでなく、特別な支援者もない中で、高齢ということもあって全域を車で回ることはできずすべて歩き、電車、バスでの移動でした。

乳母車にポスターやハンドマイクを載せての選挙運動、ポスターは県内八千ヶ所の掲示板に貼り切れるわけがなく、五百枚印刷しましたが二百枚貼るのが精一杯でした。三百万円という供託金も含めて、なぜこんなにお金をかけて選挙をやらなければならないのか、これでは高い志のある有能な人がいても、お金がなければ選挙に出ることができません。

そんなことへの抗議を含めて、私が大した資産もないのに身を削って出馬しているのは、金銭で左右されない高い志があって然るべきと、いつかはそれに気が付いて大きなうねりが起こることを信じての連続出馬だったけれど、山はなかなか動きません。

それにしても、政見放送でも、公報でもおわかりになるかと思うが、福島県庁を郡山に移転すべきと、それなしに福島の復興どころか東北の復興はあり得ないといくら訴えても、供託金が戻る得票数に遙かに及ばないのは、福島県民の多くが放射能被曝への恐怖で正常な判断ができなくなってしまったのだろうか。実際、それを恐れて早くに福島を離れた人の数は少なくないと言われてもいるが……。

放射能被曝が低量ながらも八年、十年と被曝し続けてどうなるのかは一向に懸念されている様子がないが、高齢者はともかく、若年層に対する影響は深刻ではないだろうか。復興、復興と騒ぎ立てていれば当選するみたいな選挙にはほとほと呆れ返っているが、こんな大人をほぼ見捨てている私だが、子供たちのことを思うと、福島を見捨てて東京に戻る選択はなかなかに難しい。人の道としていかがなのか。

話がやや選挙から外れるが、福島県に災害が多いのは単なる偶然ではないのではないかと思う。宗教的な話になるが、天罰、天誅という言葉がある。天をも恐れぬ大ウソつきが横行する昨今、安倍晋三さん、大丈夫かな？　上が上なら、下も下、天下は乱れに乱れるのではないか。

それを一番心配されているのが日本の天皇。天皇には何の権力もないが、日本国民に広く慕われている稀有の存在だ。天皇はただひたすら国民の安寧、世界の平和を祈っておられる。

それは日の丸の国旗も同じだろう。旗日に国旗を掲げない白河、矢吹と書いたが、福島県全域にも言えるのではないか。

来年はオリンピックの年、平和の祭典オリンピックの聖火リレーが福島からスタートするらしいが、それに相応しい心がこの今の福島にあると自信をもって言えるだろうか。九回もの選挙を通して感じたことだが、県知事選の公開討論会で私が「天皇陛下万歳」と諸手を挙げたら会場の何人かに笑われたことを思い出す。

全九回の私の選挙運動は金銭的余裕がまったくないのですべてが手作り、選挙カーなし、後援会なし。特に県知事選では先にも書いたように移動は乳母車を支えにすべてが歩きで、ポスター貼りも歩ける範囲内、要所、要所でハンドマイクのような小さな電池式スピーカーでの街頭演説。まあほとんどがこの有り様で、頼りの大半が公報、そして何よりマスコミ取材だった。

次にＮＨＫのインタビューに答えた原稿の原文。

■NHKインタビューに答えて

①福島復興のために最も重視する政策・振興策は何でしょうか？
壊れてしまったふるさと。その喪失感は大きいが、元に戻すのではなくて、新たな誇りの見える新しいふるさとの創生。

②二〇二〇年の東京五輪・パラリンピックに向けて、県のトップとしてどう関わりますか？
オリンピックは平和の祭典。金メダルの数を競うのではなくて、東北の心、おもてなしを前面に出したい。

③人口減少問題には具体的にどのような取り組みを行いますか？
県庁を郡山に移し、補助金を出して新幹線通勤を可能にすれば人の流出が止まるだけではなく人口二百万都市も可能。

④福島第一原発のトリチウムを含む水の処理をめぐり、県のトップとしてどう向き合いますか？

安全が保障されるなら海洋放出もやむを得ない。しかし漁業は壊滅、その喪失感の穴埋めに跡地の有効利用、普天間代替地案としてこれを全面的に受け入れる。

⑤イノベーションコースト構想を含め産業振興にはどう取り組みますか？

場当たり的に過ぎる。都市改造計画そのものは産業振興策なくして成り立たない。特に汚染地全域の有効利用、普天間代替地案をセットにすることが重要。

⑥医療・福祉対策にはどう取り組みますか？

何事も後藤新平に見習うべき。氏は都市改造は人間の改造に同じと言っている。単なる建築工学ではなく、医療・福祉の対策なくして都市改造は成らないとも。

⑦全国各地で相次ぐ災害を受け、トップとしてどのように対策を進めますか？
大地震が予測されている東京、この受け入れを万全にするためにも郡山を中心とした都市大改造プロジェクトの立ち上げが急がれる。一に人、二に人、それにプラスして官学の協力が何にも増して欠かせない。

＊

次に、先にも書いた「天皇陛下万歳！」で失笑を買った、郡山文化センターで開かれた公開討論会での立候補者に与えられた質問に対する答えの原文。

■公開討論会における回答文

一、自己紹介

東京生まれで東京育ちの金山じゅんと申します。年齢は本年の六月で七十八歳になりました。小学校、中学校、大学、そして就職、結婚と四十年ほど東京で暮らしました。四十を過ぎて、東京町田市に隣接した神奈川県大和市のつきみ野という新興住宅地に家を建て、転居しました。四十年近くも前になりますが、この地に移ってすぐに町田市の市立忠生中学で、英語担当教師が三年生の生徒（十五歳）を果物ナイフで刺し、ケガを負わせるという事件が起きました。続いて戸塚ヨットスクール事件、子供が両親をバットで殴り殺した金属バット事件等々、立て続けに子供たちの暴力事件が続き、これに心痛めた私は子供の教育に深く関わって現在に至っています。

二、震災、復興について

震災が起きてすでに七年が経過して、いまだに被災地域の復興加速化が問題になっていること自体が大問題です。東京は関東大震災で東日本よりも遙かに大きな被害を被っています。この復興に当たったのが後藤新平さん、東北岩手が生んだ大偉人です。新平さんはわずか六年で関東大震災の救済、復興を成し遂げています。百年先の未来を見据えた見事な復興事業によって今の東京があります。私はこれを見習いたい。

悲惨な光景、加えて放射能被曝と、子供たちにとっての心理的影響は計り知れません。そのためにも私が掲げた今後の復興のメインは、戊辰の役後百五十年にも重なる、福島県庁の郡山移転です。これをすぐにでも取り掛かりたい大きな復興事業の一つにしたいと思います。

三、人口流出対策・暮らしについて

この問題こそ今回の知事選に課せられた福島の、いえ私は東北が抱えた、日本が抱えた、世界が抱えた大問題だと思っています。災害は福島だけではありません。笑われるでしょうが、人間の驕りに対しての神様のお怒りではないでしょうか。

この地球上で、人間だけが生きる権利があるがごとくの傲慢な振る舞い。その人間にあっても強い者だけが生き残れるがごとくの大国の振る舞い。神は人間には他を思いやる心を、弱い者をいたわる心を持つようにと、この地球の支配者として誕生させたはず。この神の御意志を肝に銘じて、先の新平さんに倣った復興を成し遂げた先に、こんな不安があるわけがありません。

そう信じることがまさに二十一世紀を心の時代とすべく、世界人類に課せられた義

務だと私は思います。

四、地方創生・産業について

心の時代のコンセプトに沿った私の復興のメインである、県庁の郡山への移転についてお話しします。戊辰の役で勝利した西軍が、二度と会津が立ち直ることができないように策した二つの蛮行があります。

一つは、会津を都に遠い遙か彼方の僻地に追いやること。そして県庁を会津が望んだ郡山ではなく、これを蹴って県内にあってはこれも都から遠く離れた福島に決めたこと。この屈辱の西軍の仕置きを会津藩は耐えに耐えて現在があります。

廃藩置県で福島県となった今、この屈辱を象徴した現在の県庁を、当初の願いであった郡山に移転し、これも西軍の県を分断し二度と立ち上がれなくする策にも思える「はま、なか、あいづ」の呼称を廃止して、郡山を中心とした会津、白河、いわきを合わせて人口二百万、三百万都市を目指します。

五、子育て、教育について

まずは基本として人間のあるべき姿、すなわち心の教育。大いに参考となるのが会津藩藩校の『什の掟』でしょう。さらに言えば、身近な郷土の偉人を含めた郷土の歴史教育が何にも増して重要に思う。

私が白河に越してきて一番に感じたのが、大人も、子供も、郷土の歴史にまったく関心を持たないこと、これには大変驚きました。関心が無ければ当然に知らないということ。知らなければ子供に教えるということもないわけで、一体この人たちは何に誇りをもって生きているのかと思いました。

これではいけないと、子供に誇りある郷土の歴史を教えるべきと、都合六回も選挙に出て訴えたが、期待する反応はまるでありません。今回もまったく同じ動機で出馬しています。

六、風評被害対策

何をもって風評、風評と言って騒ぎ立てているのかがよくわかりません。間違いなく実害を受けているのだから、こちらを騒ぎ立てるのならよくわかります。

風評については、私の実体験ですが、公表されている放射能数値のグラフがグンと上がった時、私は危険を感じて、自治会の防犯部長をしていたこともあって、即座に、公園で遊んでいる子供に危ないので家に入るように言いました。

学校には学童に向けて避難を呼びかけるようにお願いしたところ、NHKが直ちには被害がないので安心してくださいと報道したこともあって、あなたが風評を撒き散らしていると親御さんや学校から私が非難されました。

子供が学校にマスクをしていったら風評になるから外しなさいとか、NHKとか学校が風評の根源であって、このことによって実害が発生したら、NHKや学校はどう責任を取るのでしょうか?

七、医療・介護・福祉について

先に紹介した後藤新平さんは医者を志して十七歳で須賀川医学校に入学。卒業後愛知県医学校、現在の名古屋大学医学部で医者となり、ここで目覚ましく昇進し、その実績を認められて内務省衛生局に入り、以降行政の道をひたすら歩んだ、政治家としては異例の経歴を持ちます。

新平さんは様々な場面で、常に「生物学の原則」をもって対処しました。関東大震災の復興に当たっても、まさに都市を生きた人間に見立てての大手術。これを見習えば、医療、介護、福祉いずれも、これからの人間が生きていく上で大事なものです。まずは地元の産官学で処方せんを練り上げ、この産官学の共同事業とすること。特に、新設された会津大学の役割は大きく、現状は宝の持ち腐れ状態にあるのではないか？　会津大学の効用を前面に押し出しての学官産を強力に推し進めます。

八、防災・安全について

先に掲げた郡山を中心とした会津、白河、いわき合わせて人口二百万、三百万都市の建設に当たり、防災安全は基本中の基本といえます。

話は飛びますが、巨大地震が予測されている東京、万一その事態が起きた時には、半端ではない大量の避難民が生じます。

私の郡山新都市プロジェクトには、この避難民全員を直ちに受け入れることのできる、ゆとりある広大な都市創りを含みます。

であれば、本県にどんな大災害が起きてもこれに即座に対応できるということでもあります。

防災、安全対策は各地域でその地域にあった対策を講じていただくことになりますが、それでも対応できないということがあった時に、万全の新首都があるという安心感を県全体が共有できます。

九、観光・文化について

郡山を中心とした会津、白河、いわきを合わせて人口二百万、三百万の新都市建設プロジェクトですが、これが成った時、このエリア内にある様々な文化財、観光資源が有効に活用されることになります。

何よりも、二十一世紀は心の時代を第一のコンセプトに、会津大学の世界最新の知能と、百五十年という長い不遇を乗り越えて、今も健在な会津魂を持った官の共同事業で成った、世界初の平和宣言都市を見学せんとの観光客で溢れかえるのではないかと期待します。

ここに、人種を超え、文化の違いを超えての交流の場を提供し、まさに東北陸奥のおもてなしの心で歓待します。

〈最後に、主張をまとめて〈言い足りなかった分も含めて〉三分〉

縷々述べた以上のことは、沖縄選挙の結果が出る前にまとめたもので、今回、玉城氏の圧勝で終わったことによって、追加公約と言うか、新たな私の今回の選挙への思いをお話しします。

日本国にあって沖縄県と福島県とが中央政府にとことん虐げられているという表現が適当かどうかは迷うところですが、長きにわたって、それぞれの県民が不遇の政治環境に耐えてきている現状であることは間違いないところです。

話は飛躍しますが、私は天皇制を中心とした平和日本が大好きです。日本人に生まれて本当に良かったと思います。

「天皇陛下万歳！」と叫んで多くの人が死んでいった先の戦争が非難されがちですが、七十八歳になった今、「天皇陛下万歳！」と言って死んでゆける幸せを身に沁みて感じています。

天皇陛下は、ただひたすら国民の幸せ、世界の幸せを祈って下さるからです。おいたわしや、ありがたやと思うばかりです。

戊辰の役百五十年の節目に、異例の天皇退位のお言葉があったわけですが、これを忖度するに、陛下は沖縄に済まない、会津に済まないとのお気持ちに代えてのご退位ではないかと私は受け止めています。

万民の幸せを願う陛下にあっては、決して口には出せない、沖縄県民と福島県民の幸せを願っての御心労が積り積もってのご退位の御言葉と思えば、沖縄と福島が文化・観光交流に留まらない、政治的にも一層の交流を深め、ともに両県の県民の幸せを模索、実現することが、陛下の大御心に適う臣民としての務めと、心新たに決意いたしました。

よって現在沖縄県が負わされている軍事基地の半分をここ福島県が負うということ

になります。

　トリチウムを海洋に放出することも認めます。それによって福島の漁業はさらなる風評により壊滅するでしょう。それによる喪失感は計り知れませんが、その広大な海洋区域と、汚染され帰還困難となっている区域を合わせた全域を国防軍事基地として提供することに同意します。

　このことは、現在ある郡山、西郷村の自衛隊基地を海上軍事基地に移転合体させるということとなり、このことによって福島県の上空には戦闘機が一機も飛ばない、まさに平和大都市建設プロジェクトにも大きく重なります。

＊

　たった一人ではなく草の根運動のように、多くの一般県民の人々の共感を得て大きなうねりになり、先人の苦闘があって築かれた強い福島の再現を夢見たのですが、果たせず最下位で落選、挙句に虎の子三百万円が無情にも没収。この意味は、お前の立候補には何の意味もない、何の価値もないという評価レッテルを公に貼り付けられたということ。それが現在の福島県民の強〜い意志である、と。

私の失望と落胆は計り知れない。それでも、失望、落胆を癒す間もない翌年、令和という新しい元号に取りすがるように、「天皇陛下万歳！」を出馬の第一声にＪＲ東北線白河駅前で白河市議選のスタートを果たしたが、結果は有権者数五万人を超える選挙区で、わずか八二票の得票数最下位で落選。もちろん供託金は没収。

私が白河市の地に初めて降り立ったのが七十年以上も前。定時制高校に通うひ弱な文学青年だった。馬の町と知られる白河市、老後は馬と共にこの地で暮らそうと、バイトで貯めた虎の子数万円を手にして、駅前からタクシーに乗って砂利道を西郷村の別荘分譲地に向かった。

そんな思い出のある東北本線白河駅前が私の全九回に及ぶ選挙第一声の場所となった。選挙に出馬した一番の動機は、初回の白河市長選以来一貫して屈辱的な「白河以北一山百文」の汚名を返上したい、ただその一念でした。

学童の教育、特に誇りある郷土教育に力を入れ、郷土の歴史を素材としたファンタジックな物語構成で都合七冊もの本を自費出版しました。

特にシリーズとした『赤い靴はいてた女の子』陸奥編、紐育《ニューヨーク》編、白河編の三冊は、東日本大震災以降に出版したもので、福島復興支援として書き綴った秀作と自負している。子供たちにはぜひとも読んで欲しいと思うが……。

県議選出馬は、公報にも書いたように、具体的な数値まで掲げての子供の人材育成、子供の人材交流の提案だったが、残念ながら一顧だにされなかったようだ。

このように、白河という風土が極端に閉鎖的、排他的なのか、福島県がそうなのか、東北全体がそうなのか、私は全九回の選挙を終えてまったく理解できないでいる。受け入れてもらえないなら「ハイ、さようなら」で東京に引き返せばそれまでのことなのだが、選挙はもちろん、数多くのボランティア、町内活動などでこれぞ東北魂と深く感じ入ることが多々あるのも事実なのだ。そんな場面はほとんどが矢吹のおばちゃんのように、素朴ないわゆる庶民と言われる人たちとの交流の中でのこと。

東日本大震災の時、世界が感動した福島の心、東北の心、まさにあれが典型的な場面です。取り繕った場面でなく、当たり前の日常生活の中で、東京人としてすごいなと感じ入ってしまうのです。

具体的に私が直面した感動秘話を二、三紹介します。

第一章の県議会議員選挙の場面に戻りますが、告示日が月末の土曜日で、その翌日の日曜日の朝九時頃のことでした。自宅マンションの玄関前に選挙カーとして使う自家用の軽自動車を止め、二階の自室と行き来して、さあ準備ＯＫ。この日は前日同様競馬開催日、本日もＪＲＡウインズ新白河で競馬ファンに向けて支持を訴えようと出発しました。

私の住むマンションはウインズ新白河のすぐ近く、車で五分とかからない。馬が好きで白河に越してきたわけですけど、すぐに自分の住むマンションから見える場所にウインズができるなんて夢にも思いませんでした。

私が育った場所は元目黒競馬場（当時はすでに府中に移っていた）のバス停のすぐそば。結婚して暮らした公団住宅が府中で、競馬場のファンファーレが風の向きで聞こえるほど近い場所。結婚した相手が沖縄琉球王朝の直系で、その守り本尊がお馬さん、だから馬肉は一切食べません。馬とどこまでも縁のある私です。

さらに言わせてもらえば、県知事選では福島競馬場まで結構距離があるけれど、開催日の土日には乳母車を押しながら歩いて行き、競馬ファンに支持を訴えました。その帰りには古関裕而記念館を見学しました。

どうも話があれこれ飛んで恐縮です。肝心の感動秘話ですよね。ウインズ新白河に着いて、いざハンドマイクで支持の訴えをしようとしたところ、カバンが見当たらないことに気が付きました。カバンには免許証が入っていますから、このままでは免許証不携帯で何かあった時にまずいと、支持の訴えもそこそこにマンションに戻って部屋内を探しましたがカバンは見つかりません。

「何を探してるの？」と妻、「カバン」と答えると、「あなた持って出たわよ、車の中を探してごらんなさい」と妻。しかし、車に戻っていくら探しても見つからない。

車の中はポスターなどが散乱していて、物の出し入れ時に首から下げていたカバンをひょいと外して屋根の上に置き、そのままウインズに向かったのかもしれない。今までもよくあること。でもそれはみさかの事務所でのこと、早くに気づいていたんだが……。七十九歳の高齢、物忘れ、置き忘れはしょっちゅうだ。

盗難ではないことははっきりしている。であればまずは紛失届をと警察署へ連絡。キャッシュカードが四枚、これも各社に連絡。手続きは意外に早くできて、それぞれ使われてはいなかったが、問題は免許証。再発行には二週間要すると言われたが、郡山に行くと即日再発行可能と聞き、郡山の警察署に向かったものの、ショックで戦意喪失。選挙出馬は年寄りの冷や水だったのかなあと自戒の念。

カバンの中身は他に個人カード、現金は財布に三万五千円、それと封筒に二十万円。拾われたら出てこないと覚悟する。

茫然自失のまま数時間が過ぎて昼近く、郵便受けを見に下りていった。昼頃の配達があるからだが、郵便受けを開けると小さな紙きれがあり、ボールペンで《落としましたよ》とロッカーのナンバーらしき数字が書かれている。

マンション入り口右手に郵便受けとは別に宅配用のロッカーがある。書かれたロッカーの番号を回して開けたら私のカバンが置かれていた。

私は目がくらくらした。すごいな、本当にすごい。あの東日本大震災時に、お金の入った金庫を届ける人、流れてきた現金を届ける人、このテレビ映像に外国人はぶったまげた。こんな人々が東北に当たり前にいることに。

私も同じような頭の下がる思いでテレビを見ていたが、それが今、目の前で起きているのだ。名も告げず、メモ一枚で一言「落としましたよ」と届けてくださる方がいらっしゃるのだ。

どなたが拾われたかわからないが、私の行動の一部始終を遠くで見ていての行動でしょう、カバンの中身を見ずに、選挙で頑張っている姿をきちんと見ていてくださったのだと思います。なかば諦めて、一切合切を放り投げようとした自分が本当に恥ずかしくなった。

人の心を汚すのは、決して他人ではなく自分自身なんですね。美しい心に接して教わりました。ありがとうございました。

選挙の出だしでこれでしたから、何かを暗示しているように感じました。

「お前は短気で何度も失敗をしている、短気は損気。しかも高齢であることを忘れるな！」

九十六歳で亡くなった母親から常日頃から言われていた言葉です。私にとっては有り難い天の声です、自分ではそんなに短気とは思わないのですが、母親が子供を見る目は間違っていません。

全九回の選挙の際には、「出るのは止めとけ」みたいな天の声はなく、もっとも「頑張れ！」の声もありませんでしたけど、「一度の人生、お前の好きなようにやればよい」と黙認していたのでしょう。

母親は青森の女《ひと》で、親は青森一の高利貸しでした。蔵がいくつもあって、その前には何頭もの馬が繋がれていて、幼い私がその馬のお腹の下をくぐりぬけて遊んだという話を、青山学院大学の馬術部に入った時に懐かしそうに話してくれた。母はその時代には珍しく県立青森高等女学校を卒業、クラスメイトに淡谷のり子さんがいて同窓生であることも何度も聞かされました。

しかし、そんな生活も三代目になると、創業時の苦労を知らないために山師に騙され、財産のすべてを失い一家は路頭に迷う生活となり、一人娘でお嬢さん育ちの母親は、その日のお米にも困ったとか。

ついでながら母と結婚した父親についても一言。私が中学一年の時に当時は贅沢病と言われた腎臓病で亡くなった。この父親の家系がなかなかのもので、選挙ポスター等に記載させていただいておりますが、先祖は代々、米沢藩の右筆《ゆうひつ》を務める家柄。

父は早くに亡くなってしまったので直接聞くことはなかったが、母親はこれが自慢だったのか、二言目には米沢藩主上杉鷹山公の右筆だったことを話して憚らなかった。父親の親族、特に嫁に行った先ではその子供たちに話していたようで、何人ものいとこから「もう耳タコ」と言われた。

しかしながらこれを実証する家系図はなく、ただ私が高校受験の時に取り寄せた戸籍謄本には間違いなく旧士族と明記されていた。それと母の持っていたアルバムに、父方の祖父の写真があって、たくさんの勲章をつけている。青森八甲田山雪中行軍遭難事件の日本陸軍第八師団長の勲章とのこと。

父親は絵を描くのが得意で、母親をモデルとした絵が札幌の絵画展で賞をもらったとか、青森ではあの有名な棟方志功がいますが、子供の頃のガキ友達だったと話していたという。

話は私の家系にまで飛んだけれど、白河以北一山百文の汚名返上の執念は、こんな先祖様があって、後押ししているのだと思わざるを得ないのです。東北のどんづまり青森県にとっては誠に迷惑な話、白河、お前の責任は重大なんだぞ、と。

奇跡にも思えるカバンを届けてくれた方の年齢ですが、黙って私の行動を見ていた同じ年代の、近所の高齢の方ではないかと思う。東北の大地のＤＮＡをいっぱい肥やしにして育ったのではないかと推察する。あるいは年齢はぐんと若い青年か。


高齢になるとボケを一番心配するが、まさに私も同様で、もともとせっかちで忘れ物はしょっちゅうだったから、いろいろ笑い話のようなしくじりも少なくない。

そんなしくじりの中で感動したことの一つ。

近年では銀行にＡＴＭなるものがあって大変便利になりましたが、そそっかしい私のような人間は注意が肝心。銀行の時間外でもカードで入出金できるのは良いとして、ある日その時間外に人気《ひとけ》のない銀行のＡＴＭで十万ほどの現金を下ろしに行きました。

以前にカードを忘れるしくじりをしている私。操作を手間取っていると、後ろに一人の青年が並びました。

焦りながらも何とか出金ができて、カードと現金が出てくるわけですが、カードを忘れた記憶がしっかり頭に残っていますから、出てきたカードを後生大事に取って、そのまま外に出ました。なにせ、後ろの青年をだいぶ待たせた気後れが先立っていましたから……。

ゆっくり数歩進むと、後ろから青年が大きな声で「おじさん、おじさん、お金、お金！」と叫んで飛び出してきました。

私はしっかりカードを手にしたのは良いが、肝心の現金を忘れていたのです。現金がカードと一緒に飛び出てくればこんなしくじりはあり得ないのでしょうが、カードを取ることに集中して、現金を受け取ることが飛んでしまったようです。

頭を掻き掻きATMに戻って現金を取り出し、若者にお礼を言ってその場を離れたが、よくよく考えたらこれは奇跡のようなことだと思いました。

誰もいないATMの現金取り出し口に何万円ものお札が見えているわけで、黙ってそのまま持ち去っても、当の私がそれと気づくのは家に着いてからでしょう。大したお礼も言わずに別れた恥ずかしさもあるが、こんなことを当たり前に行った青年が東北には普通にいるのです。これまた東北の大地のＤＮＡがしっかりと受け継がれているんだ～と、感動の涙、涙です。

次は私の大好きな競馬ですが、そのウインズ新白河で経験した話。こちらの主人公は普通の競馬ファンのおっちゃんです。

私の競馬歴は二十代の頃からですから、六十年以上になります。その頃は馬券を買うのも、当たり馬券を現金化するのも、みんな窓口別におばちゃんたちが対応していました。今はすべてが機械化されて便利なのですが、やはり高齢者にとっては笑い話のようなことがあるんですよ～。今回は私の失敗談ではなく、目の前で起きた驚くべき感動の珍事です。

馬券が当たるとそれを現金化する、いわゆる払い戻しですが、今はすべてが機械で処理されます。しかも、その払戻金でそのまま馬券を買うこともできます。

馬券が当たった私は払い戻しの列に並んでいました。順番は三番目で、先頭にいるじいちゃんが操作を終え、買った馬券を大事そうに持って列から離れ人混みの中に消えようとした時、「じいちゃん、じいちゃん。清算、清算！」と言って、私の前に並んでいたおっちゃんが走り出し、じいちゃんを連れ戻しました。

当たり馬券で新たに馬券を買うと、残金が清算され払い戻されるという順序となるのですが、じいちゃんは清算を行わずに、買った馬券を手にしてその場を離れていったので、おっちゃんが連れ戻したのです。

じいちゃんは笑いながら戻ってきて、清算のボタンを押したら、な、なんと万札が続々と出てくるではありませんか。数十枚あったんじゃないかと思う。

驚いたのはそれだけではありません。二人とも笑っていたが、じいちゃんはありがとうの一言もなしにその場を離れ、おっちゃんも何事もなかったかのように自分の当たり馬券で新たな馬券を買っていました。

私だったらどうするのだろう。黙って清算ボタンを押し、払い戻された金を持ってそそくさとその場を離れるんじゃないか。気づかれて捕まれば窃盗罪になる。でも、そんな誘惑がここ東北の大地で育った人には起きないんですね。まさに感動、感動の場を見せていただきました。

以上、高齢者、若者、そしておっちゃん世代の、世間一般に言われる善行以上に、今時こんな美談が当たり前に東北の大地のあちこちで見られる実例を、私の体験談として紹介させていただきました。

＊

こんな事実を何度も体験すると、選挙結果と期待とはまるで裏腹なんですよね。九回もやって一度だって期待に添った結果はありませんでしたから。

「なんでか？」って、いくらぼんくらな私でも考えますよ。それが、この県知事選の私の公報にはっきりと書いてあるのです。すでにこの項目の出だしに紹介していますが改めて読んでいただきたく次に載せます。

一般に言われている北帰行というフレーズがありますが、それと大きく関係します。人生万般が順風満帆とはいかずに落ち込むこと多々あり、そんな時に向かう旅先は北、すなわち北帰行。天邪鬼で京都なんて人もいるでしょうが、西と東の文化の違いは歴然、日本列島の地図上では東に向かうことはまさに北へ向かうことになる。

大和朝廷時代でも同じ、東北のゲートウェイ白河の関は憧れの地。東北の馬と金で奈良の大仏が創られてもいる。

「都をば霞とともに立ちしかど秋風ぞ吹く白河の関」

あまりにも有名な三十六歌仙の一人、能因法師の歌。松尾芭蕉の『奥の細道』も白河の関がみちのく路の出発点として書かれている。

心もとなき日数重ぬるままに白河の関にかかりて旅心定まりぬ、云々。いずれもまさに北帰行なのだ。県知事選の公報の次の部分を再読していただきたい。


〈戊辰戦争とは何だったのか〉

概略すれば、利根川を挟んだ西と東の文化（心）の争いだった。東北七県（新潟を含む）を代表とする東は険しい高い山々に囲まれ、海は荒れて良港がなく航海に便を成さず、陸上の交通も船運に便利な大きな河川がなく隣国との交流もままならず、勢い経済生活は大地に頼るより他はなかった。土地という動かぬものがそこに住む人々の何代にもわたる生活を支配し必然と絆という心情が養われた。

一方の西は、瀬戸内海が航路の大動脈となり交通の道は自ずと外海に及び、そのため不断に国内外からの刺激を受け、精神的にも心情的にも明るい活発な行動となり、それが閉じ籠るよりは外（侵略？）への発展進展を習性とした、方便を得意とする器用な性情を培った。

これだけを聞くと東は頑迷固陋と蔑まされて負けたと言われるところだが、高い山々に囲まれた会津藩の藩校日新館では、優れた人材育成を目的とした東北人としての持つべき心の基礎教育（十歳から）が行われていた。

戦いに敗れたとはいえ、この日新館から戊辰戦争後に活躍する優秀な人材を数多く世に送り出している。

什の掟

①年長者の言ふことに背いてはなりませぬ。

②年長者には御辞儀をしなければなりませぬ。
③虚言を言ふことはなりませぬ。
④卑怯な振舞をしてはなりませぬ。
⑤弱い者をいぢめてはなりませぬ。
《ならぬことは、ならぬものです》

＊

県知事選では最下位ながら一万を超す票を頂き、三百万円の供託金を没収されたのは残念だが、あまりにも広い区域を選挙カーのない私では隅々まで回ることはできず、重点的に福島市、郡山市、会津若松市、白河市、いわき市を順繰りに、乳母車に選挙七つ道具を載せ、途中ポスターを貼るなどして、人のいるスーパー等で街頭演説をして回りました。

これは全九回私の選挙スタイルで、お金が有り余って余興での選挙なんかでは断じてないのですが、金持ちのじいさんのお遊びのように受けとめられていたことも事実でしょう。妻は一切選挙活動に参加していませんから、期日前投票で並んでいたみなさんの立ち話を耳にすることがあって、「あの人は駄目！」と聞くのが辛かった、二度と選挙には出て欲しくない、の繰り返しでした。

まあ妻の反対を押し切って、よくも九回何事もなく為し終えたなあと、結果はとても納得のいくものではないが、できるだけのことはやったという達成感はあります。

福島県知事候補者
無所属 金山 屯(じゅん) 78
【出自】米沢藩右筆末裔 東京都出身 青山学院大学卒 《自然塾》白河乗馬学校自営
什の掟
①年長者の言ふことに背いてはなりませぬ ②年長者には御辞儀をしなければなりませぬ
③虚言を言ふ事はなりませぬ ④卑怯な振舞をしてはなりませぬ ⑤弱い者をいぢめてはなりませぬ
「ならぬことは、ならぬものです」
そこで、金山 屯(じゅん)の4つの公約
1、道州制導入を見越して、新たな平和都市《州都》を目指して福島県庁を郡山に移転します。
2、沖縄、東京、何れも東北の復活には欠かせない大切な同志、一層の友好を加速させます。特に、巨大地震が予測される東京については、先ず国の将来を担う若手エリート官僚に限って新幹線通勤費を全額補助し、更には首都頭脳の完全疎開(住居移転)を誘致します。
3、一強独裁の元、東北の心の拠り所である什の掟に悉く反する悪習を繰り返し、国を壊しかねない(森友・加計疑惑など)旧薩長藩閥政治を東北の心(什の掟)を盾にして糺します。
4、早くに地方自治を掲げ東北の心「うつくしま」を目指すも志半ばで知事辞職に追い込まれた佐藤栄佐久元知事の再審請求、或いは恩赦をもって県政復帰を強く要望します。
結論、東京生まれで福島の奥只見、猪苗代湖の水(電気)で育った私だからこそできる
オール東京をバックに東北の心「うつくしま」を必ずや復活させます。

二〇一五年　白河市長選挙

三回目の白河市長選でしたね。早くに手を挙げて出馬宣言。もちろん、現職の市長も続行の意向を最終市議会で明らかにしましたから、この時点で一騎打ち。告示日まで一ヶ月を切り、期日が迫っても誰も手を挙げず、一騎討ち濃厚と思いきや、何日前だったか、本当のギリギリで現職の白河市議会議員の柴原隆夫氏（六十六歳）が無所属で出馬表明。

実はその数日前に、二〇一一年の市長選挙の時に大変お世話になったS女史から呼び出されて柴原氏と会い、「市長選の立候補を取り下げて、この方を応援して下さい」と言われていた。

お世話になった方だからお断りするわけにはいかなかったが、疑問があったので「なぜ告示日が迫った今、突然の立候補なのですか?」と市議に尋ねると、「早くに手を挙げれば潰されますから」とのこと。

私は開いた口が塞がらないほど呆れてしまった。

「それでは私としては降りるわけにはゆきません」

こういう手練手管、駆け引きまがいの選挙が横行している現状を、私は一番嫌っていて、志を持って白河市をどうすべきかという政策を市民にわかってもらうためにも、出馬声明は早いほどその熱意が伝わるのではないかと思っている。

ただひたすら勝つことが目的となっての戦法、戦略が先立っての出し抜けの出馬宣言。とても賛同はできませんと伝えた。

仲介の労を取られたS女史には大変な失礼をしたかと思うが、女史も私の気性をよくわかっていて、苦笑いをしながら「まあ、お互いに頑張りましょう」と互いの健闘を伝えて穏便に別れたが、結果は現職の大勝。

私は供託金没収の最下位で九一五票の得票。柴原氏は八三九二票、再選された鈴木和夫氏は二一八六九票。

私はともかく、柴原氏にとっては、潰される、潰されないと戦略を練る以前の大差負けで、供託金が戻ったくらいで、まあまあ良かったでは済まない、大義なき戦いだったのではないだろうか。

繰り返し述べてきたかと思うが、私が選挙に出るのは為政者に対する苦言があってのことで、当選目的ではないと言うとけげんな顔をされる。「選挙民を侮辱している」とも、「それでは金をドブに捨てているようなもんだ」とも、即ち、金に対する侮辱と言いたいんだろうと思うが、私は陰で不平不満を言うのが嫌いで、政治に不満があるのならそれを糺すにはどうすればよいのかの意見を持って、政治家になるとか、教育者になるとか道はいくつもあると思うが、その選択の一つとして市長選を選んだに過ぎない。

私の公約を選挙民が良しと思い、その数が多ければ当選となり、めでたく市長になれるという単純な世界のはずが、勝ち負けが選挙の目的となっている現在、勝てないと思うと出馬しないのだ。

だから一度負けた人は二度と出馬しないのが過去の通例、二度出ている人は私の調べた限りでは皆無。勝ち負けが優先して、志は二の次ということなのか。志が変わらなければそれを叶えようと、何回でも挑戦するのが理にかなっていると思うが……。

東北の汚名をそそぐのが目的で何度も挑戦しているのは、一向に汚名がそそがれていないと思うからなのだが、みなさんはそんなことはどうでもよいと思っていることが、選挙結果から推察されるのが誠に残念。

素晴らしい東北魂ともいえる善行を紹介しましたが、九回もの選挙を経てわかりかけているのは、みなさんは騙されているということです。悪い例えで申し訳ないが、まさに「井の中の蛙大海を知らず」なんだろう。

人柄が善いのは事実だと思います。これなしに東北の良さは語れません。しかし、その善人が災いしているのが、騙されやすいということではないだろうか。

東北の復興、復興と叫んでいれば、一生懸命にやってくれていると思い込み、この八年間、復興にどう取り組んだのか、これから先どうするのかをまるで言わない、書かないで、県議選の自民党公認の現職二人が楽々五選される不可解。美辞麗句に騙されているとしか思えないわけです。

また、その実態を見極めようとする意欲が、これまた東北の善行とされる絆が災いして、余所者を受け入れない行動に走らせてしまう。よって変化を好まない、まさに大海を知らないまま過ごしてしまうのでは。

これではいけないと教育の重要性を説き、これから大海に出て行く子供たちに郷土への誇りをもってもらうためにも、郷土教育の大切さを重点に掲げた九回の全選挙ではあったのだが……山は動かなかったということになる。

しかし、子供に罪はないと思えば、このまま引き下がるという選択はまったくなく、志ある限り、この思いを遂げるべく、それをまた生きがいに頑張る所存ではあります。

二〇一五年　白河市西白河郡福島県議会議員選挙

この選挙は二〇一九年の県議選に同じく、無投票阻止のための出馬。端《はな》から現職議員が四選目という実績があって、勝ち負けが出馬の意向の連中ばかりだから、誰も手を挙げずの無投票。これが早くにわかっていたから、これに抗議の意味での出馬、勝ち目はまったくないのを承知の上で立ち上がる。

戦略も皆無で、説明会に自ら出席して出馬を表明した。もしも他に立候補者が出た場合は出馬を取り下げることも明言する。

何をどうしたいかのマニフェストは、最初の市長選挙の出馬時に掲げたそのままをぶれずに、全九回の選挙で私の志として一貫させている。

白河以北一山百文という東北の汚名をなんとしても撤回させること。未来を担う子供たちのためにも、強い意志として諦めるわけにはいかないのである。初志貫徹なのだ。

案の定、現職組から猛反発を食らう。「勝てもしない選挙にどの面下《つら》げて出やがるんだ」の半端でない選挙妨害。

そもそも供託金を出すのが精一杯の無職の老人だから、選挙カー無し、後援会無し、我が身一つで、自転車、あるいは歩いての選挙運動。ハンドマイクを手にして要所、要所で街頭演説。このスタイルは全九回まったく同じ。

選挙好きな金持ち爺さんのお遊びと揶揄する声は最後までありましたね。それでも、数字は少ないけれど私の志を理解して下さった方が居られたことも事実。そんな方の応援があって挫けずに勝ち目のない選挙を全うできたと自負しています。

そもそも現職が選挙を嫌うのは、順位がはっきり数字でわかってしまうからです。二〇一九年の県議選、それまで最下位だった三村陣営がトップ当選となったのは、無投票を阻止した私があっての珍事です。

渡辺、光山二つの陣営が懸命なトップ争いを繰り広げていましたが、私はこの期間一度として三村陣営を見たことがありません。

私は現職お二人の五選阻止の選挙演説を繰り返していました。結果、私は供託金没収という身を削って三村陣営を応援したことになりますが、三村氏からは何の挨拶もありませんでした。

勝てば官軍とはよく言ったもので、地元矢吹が大変なことになっている今、なぜ町長選に出ずに県議選を選んだのか、無投票という楽な道を選んだのであればかなりいい加減な志の持ち主で、矢吹再建にどれだけの力になってくれるのか、今後の活動に注目です。

わずかの期間ではあるけれど、直前の県議選に無投票で当選した三村氏、矢吹の現在の不祥事を避ける手立てにまったく関与しなかったという疑問は拭えません。県議として地元矢吹の不祥事を避ける努力をしなかったのであれば、他党の二人の県議と同じでしょう。いや、それ以下とも言える。

二〇一一年　白河市長選挙

二回目の市長選挙戦になります。この時は完全に一対一の一騎打ちでした。落選しましたが、供託金は没収されずに百万円戻ってきました。

二回目ともなれば、多少は私贔屓の市民の応援が根付いたんだろうと思いたかったのですが、そうではないんですね。現職に反発している層が一割程度はいるわけで、私を支持しての票ではなく単なる反対票なのです。これを知ると何とも寂しい気持ちになります。こんなことをいつまでも続ける価値があるのだろうか、と。

そのよい例が二〇一九年の市長選、国井女史が対立候補に立って鈴木市長との一騎打ちになりました。女史は市長への抗議ビラを配っただけで、選挙カー無し、ポスター無し、街頭演説無しでも、反対票が没収点をわずかに超えて供託金の没収を免れました。

抗議文に同調しての獲得票というよりは、元々あった市長への反対層の票で、私の場合と同じでしょう。それでも無投票阻止にはなった、反対層の票数がわかった意義ある出馬でした。とはいえ、大勢を変える起爆剤にはなりえず、虚しい気持ちは一緒だと思います。

国井女史はこれに懲りて二度と出ないと思われますが、私はそんな虚しい気持ちを常に味わいつつ九回も挑戦、我ながら呆れ返ってしまうところですが、先にも書いたように、わずかではあるけれど理解をいただいている支持者のいることも事実で、いつか花咲くこともあると、このまま諦める気持ちにはなれないでいます。

決して自分が間違ったことをやっているわけではなく、特に子供たちにとってお手本になるような大人でありたいと、それを生きがいにむしろ充実した楽しい日々を送っています。

二〇一〇年　西郷村村長選挙

私がまだ定時制の高校生だった頃に別荘地として買った、西郷村の黒森という所。今から六十年以上も前になるが、当時は山林で山道がほそぼそとあっただけで、今もほとんど変わらない風景だが、途中までは大きな舗装道路が入って多少は様変わりし、数軒の別荘も建ったが、交流は特にない。

老後はここでお馬さんと暮らしたいと願った高校時代の夢が何とか実現して、お馬さんと七年間暮らした、そんな場所の村長選に出馬しました。もちろんお馬さんと暮らしながら。自分ながらすごいことをしたものだと、今になって感動しています。

七年間、病気一つしなかったことになるし、無謀の一言。病気になったら誰がお馬さんの世話をするのだとのお叱りは、動物愛護団体からネット上で再三あり私のホームページが炎上したのも度々。それでも七年間やり通したのはすごい。

馬小屋を作るのも、自分が寝泊まりする管理小屋を作るのも、ぜ～んぶ一人。若かったといっても六十五歳を過ぎていたし、ただただお馬さんが大好きってことに尽きるでしょう。

馬の名前はメアリー、名前からして牝馬のおばさん二十歳。私が愛して、愛された仲良しさん。犬とか猫は何匹も飼った経験があるが、こんなどでかい動物は初めて。すご～く懐くのには、もうびっくりの毎日でした。

メアリー

郵 便 は が き

料金受取人払郵便

新宿局承認

1409

差出有効期間
2021年6月
30日まで
(切手不要)

1 6 0-8 7 9 1

141

東京都新宿区新宿1－10－1

(株)文芸社

愛読者カード係 行

お名前《ふりがな》		明治 大正 昭和 平成 年生 歳	
ご住所《ふりがな》	□□□-□□□□	性別 男・女	
お電話番号	(書籍ご注文の際に必要です)	ご職業	
E-mail			
ご購読雑誌(複数可)		ご購読新聞 新聞	

最近読んでおもしろかった本や今後、とりあげてほしいテーマをお教えください。

ご自分の研究成果や経験、お考え等を出版してみたいというお気持ちはありますか。

ある　ない　内容・テーマ(　　)

現在完成した作品をお持ちですか。

ある　ない　ジャンル・原稿量(　　)

書　名				
お買上 書　店	都道 府県	市区 郡	書店名	書店
			ご購入日	年　　月　　日

本書をどこでお知りになりましたか?
1.書店店頭　2.知人にすすめられて　3.インターネット(サイト名　　　　)
4.DMハガキ　5.広告、記事を見て(新聞、雑誌名　　　　)

上の質問に関連して、ご購入の決め手となったのは?
1.タイトル　2.著者　3.内容　4.カバーデザイン　5.帯
その他ご自由にお書きください。
(　　　　)

本書についてのご意見、ご感想をお聞かせください。
①内容について

②カバー、タイトル、帯について

弊社Webサイトからもご意見、ご感想をお寄せいただけます。

ご協力ありがとうございました。
※お寄せいただいたご意見、ご感想は新聞広告等で匿名にて使わせていただくことがあります。
※お客様の個人情報は、小社からの連絡のみに使用します。社外に提供することは一切ありません。

その七年間に三回も選挙に出馬している、白河市市長選、泉崎村村長選、そしてこの西郷村村長選。

選挙の思い出というよりも、ほとんどが愛馬との生活の思い出が溢れてきて、涙、涙です。生き物は寿命があって、いつかは別れの時が来る。それが嫌で動物を飼わないと言う人もいるが、安らかに眠れよと看取って、初めて相互の愛が完結するのではないだろうか。

子供の頃からの動物好きなので、別れは数えきれません。亡くなった彼らがいつもどこかで私を見守ってくれていると信じて疑わない。

癌で余命五年と言われていますが、こうして元気でいられるのは、長い間一緒に暮らし、愛して看取った彼らのお陰だと信じて止まず、私は幸せ者と、感謝の思いでいっぱいです。

選挙よりもお馬さんの思い出ばかりですけど、愛馬メアリーはこの西郷村村長選のあった二〇一〇年の十月十三日に永遠の眠りにつきました。

その翌年の三月、東日本大震災が起き、ここ西郷村の牧場に来る道が山崩れで閉鎖されました。もしメアリーが生きていたら車ではこの場所に来ることができず、餌やり等、メアリーの世話が大変な面倒となったことを思うと、お馬さんの天性の勘でこの地震を予知し、私に苦労を掛けまいと逝ったのかな……。

そんなことで、メアリーのいなくなった今でも、メアリーの眠っているこの場所に日参して、「メアリー来たよ～」って声をかけています。選挙の時もここに来て、「メアリー、応援してね」と話しかけていました。

さすがにお馬さんの思い出ばかりでは我が闘争の回顧にならないので、これも私にとってはとんでもない選挙の珍事を紹介。

村長選に手を挙げてすぐに、競馬友達から電話がかかってきて、「会わせたい人がいるので来て欲しい」と言われました。昼過ぎ、西郷村にある競馬友達の家へ出かけて行きました。一応、手ぶらでは、と酒一本持って。

玄関に入ってすぐに、「やあ～」と手を挙げて、どうにも調子のよい若者が競馬友達を後ろにして出迎えた。友人が紹介してくれた若者は県会議員の渡辺義信氏、今では五選を果たして自民の県議の幹部に祭り上げられているが、当時はどうだったのか。

私としては県会議員だろうと村会議員だろうと一切関係が無いので、「で、県会議員さんが私に何の御用ですか?」と尋ねると、「まあまあ、ここじゃなんだから、上がって上がって」と友人の勧めでテーブルのある部屋に通されて、やおら始まったのが「村長選には出ない方がいいですヨ」という長いお話。

てっきり応援してもらえるのかと思いきや、まるで反対。私の書いた本を読ませていただきましたとか、金山さんのやりたいことは素晴らしいとか、その活動を応援したいとか言いながら、私に反応が無いと見てか、「そのやりたいことが、できなくなりますよ」と話が急転。「西郷村の人に石をぶつけられますよ」と今度は脅しともとれる言い草。

この若造、何を根拠に、また目的に俺を脅しやがるのかと黙って聞いていたら、友達が「まあ、まあ、まあ」と仲を取り持って、飲み物やケーキ等を出してきた。

友人は何も言わずにニコニコ聞いている風だったが、若い県議はしゃべり続けて延々と五時間！　帰る頃には日はとっぷり暮れて外は真っ暗、見送りに玄関まで来た二人、友達は相変わらずニヤニヤ、議員は説得に成功したと思ってか、こちらもニコニコ。私としては「わかった、了解」とは一言も言っていないのだが……。

帰る途中、西郷に住む競馬友達の某村議に電話でかいつまんで話すと、

「ああ、あいつは県議選で随分とお世話になったからなあ。今頃きっと、出馬を取り下げるよう説得しておきましたって、村長陣営に報告してんじゃないの」

無投票で当選というのは勲章なのか、それを誇りにしているんだね。多くの議員や首長さんは。まして親子二代村長の現職佐藤氏、親は無投票での当選は無かったから、今回無投票で当選することを自慢していたらしい。それにヨイショしたのが県議の渡辺氏という構図のようだ。次回の県議選をよろしく、とね。

県民を思う志なんてまるで関係の無い票の取り合い、これが現実と、綺麗事で飯は食えねえとうそぶく世界、それが選挙。私はこれを変えたいと九回も出馬。見事、供託金没収のおまけ付きで落選。これを恥とは少しも思っていない。むしろ誇りに思う。もちろん、ひねた大人に対してではなく、明日を担う子供たちに向かって。

数日後の告示日、私は堂々と選挙に出馬して街頭演説。夜、先の競馬友達から電話。

「義信がかんかんに怒っていたぞ〜」

「街頭演説で誰も石を投げてこないよ」と、私。

子供たちには郷土に誇りをもって学窓を巣立って欲しいと願い、郷土の歴史を背景に七冊もの本を自費出版しているが、その内の二冊『白い馬に乗った少年』と、『愛馬物語』は西郷村が舞台になっている。

いずれも愛馬と過ごした思い出の多い貴重な時間の中で書き上げたもの、まさにこの本の副題とした「愛馬メアリー、愛犬ベティと歩んだ東北復興　全九回の選挙戦回顧」そのもので、最終章（総括）でまとめてみたいと思う。

二〇〇九年　泉崎村村長選挙

どんどん遡って回顧していますが、思い出せないこともあって、本当にこんな選挙を九回も繰り返してきたのかと信じられない自分がいます。やってきたことに、我ながら大したものだと感心したりして、他の人はどう思うのかが問題ですが、読んで欲しい子供たちがどう感じ取るか。

自慢するのではなく、胸を張り、誇りをもって生きてきた半生を洗いざらい書こうとの思いで書いているわけですが、子供たちにうまく伝わるだろうかの懸念がどうしてもあります。

書き手のプロではありませんし、なろうとも思っていない自分がいて、ややジレンマというか葛藤の毎日ではあります。

子供たちに郷土に誇りを持って欲しいと願って、選挙に合わせるように都合七冊も郷土の歴史を背景にしたファンタジックな物語を自費出版したものの、まったく売れずに返された本が山積みになっていて、これを見る度に溜息が出ます。

全九回の選挙もただひたすら、子供たちの未来を案じて現状打破を訴えてはいるが、毎回供託金没収の行政処分の憂き目。それでも懲りずにというか、めげずに今回の出版、果たしてどうなることやら、天にお任せ〜です。

これはどうやら私の悪い癖のようで、幾度となく叱責をいただきます。無責任ということなのでしょう。

とはいえ七十九年も生きてきての処世術のようにも思う。どうあがいても、どうにもならんことがいっぱいあるのです。そんな時に、天にお任せって放り投げちゃうんですね。

世間の人はもうビックリ仰天。天を仰ぐって書くんだね。「天って何だよ！」って、神様を信じない人にとっては、まさに無責任極まりない人間です。

時にこれが短気とも取られ、「短気は損気よ」と母親にしょっちゅう言われていました。でも直らない。そこで諦める。諦念って仏教でいう悟りの境地らしいけれど、そんな感じで達観しています。

とんだ出だしになっていますが、この泉崎の選挙が私の選挙を象徴しているのかなあと思っているので、こんな書き出しになりました。

お馬さんのことを主役のように書いていますが、私の人生でお馬さんが良き伴侶のように加わったのは六十五歳を過ぎて白河に転居してからのこと。それ以前は子供の頃からずっと、いつも傍らにいたのは犬と猫。他に二十日鼠とか金魚とかジュウシマツとか、常時生き物がいて、犬派、猫派関係なく、いわゆる動物好きということなのでしょう、生来が。

さてそんな私に新しい伴侶が加わったのがこの泉崎選の初日。選挙事務所は西郷村の村長選に同じく愛馬メアリーのいる西郷村黒森の牧場です。

朝八時ちょっと前に黒森を出発して、台上という所の舗装された四号線に向かう大通りに出てすぐ、道路の真ん中に何やら盛り上がった塊がありました。近づくと犬、それもミニチュアダックスフント。犬種は後々にわかったこと。

大体、私は動物好きとはいえ飼うのはほとんどが拾ってきた雑種犬で、ペットショップで買ったことは一度もない。ケチな奴って言われるかもネ。

そのダックスフント、クラクションを鳴らすが動かない。仕方がないので降りてどかそうとしたら、車の下に逃げ込んでしまった。首輪をしていないので、捨てられたなと直感。

このまま放置したら車に轢かれてしまうだろうと「おいで、おいで」と優しく声をかけるが、怯えてか動こうとしない。しょうがない、車に積んでいた箒で突いて押し出し、抱えて車に乗せる。

捨てられたと本人（犬）も覚悟していたのでしょう、特に暴れることもなく為されるままに助手席に座っている。

この日一日、泉崎選はこの犬と一緒。このミニチュアダックスフント、今私のそばで眠っている。歯がなく、目は白内障、耳も聞こえない老犬になっているけれど、泉崎選以降の全選挙を見守ってくれて、ちゃんと留守番もしてくれた。

サブローという名前をつけ、番犬にはならないけれど、疲れて帰ってくる私には大きな癒しになったし、身近で応援してくれる人がいないから、大きな励みにもなってくれました。

選挙途中で死なれたらどうしようの毎日だったけれど、頑張り通したのだから、偉い偉いと褒め上げて、サブローは今や同じ高齢の私の生きる糧となっています。

この泉崎選、新しく加わったサブローと、事務所の駐車場の管理人さんが飼っていて世話ができなくなったので貰って欲しいと我が家にやって来たオスのジャックラッセルテリア（名前はジロー）がいて、毎朝、お馬さんと二匹の高級なわんちゃんとの散歩が終わってからの選挙戦となりました。

それはそれで楽しく、賑やかな山の選挙事務所でしたが、結果は大惨敗！　わずか二四票の得票数にはもうびっくり仰天。「お前らのせいだぞ〜」って怒鳴り散らしたいところだが……。これも天が与えた試練と達観して、負け戦とはいえ一頭と二匹の毎朝の散歩はやはり楽しい。

サブロー

ジロー

お馬さんとサブローは引綱もリードも要りません、大人しく私の前に行ったり、ちょいと道草したりしても後からついて来ます。

ジャックラッセルテリアのジローはそうはいきません。元気いっぱいでダラダラの散歩は性に合わないのでしょう、走り回ってどこに行くかわかりません。一度は山の中に駆け込んで、そのまま帰ってこないので心配していると、翌朝、外で尾を振って待っているといった具合。だもんでジローはリードをつけてのお散歩です。

今度は犬の話になってしまいましたが、こんな泉崎での選挙は、結果はともかく、私らしい選挙だったと思い起こしています。何しろ楽しかった。選挙カー無しで、ハイルーフのトラックに自転車を載せ、泉崎の村役場の駐車場に車を置き、ハンドマイクを持ってあちらこちらで街頭演説。

道不案内だから、「ここは矢吹だよ」って言われたり、「そっちに行っても家なんかないよ〜」と畑仕事のおじさんに教えられたり、面白がって子供が何人も追いかけてきたり。ポスターは愛馬メアリーとのツーショット、ふざけているとお叱りもありました。

私としては真剣そのもの、何せ供託金をちゃんと払っての選挙だぜと言い返したいところですが、ぐっとこらえて、まあまあよく頑張ったなあ、とする。

しかし楽しいばかりじゃありません。この頃（二〇〇六年）、北海道夕張市の財政破綻が起きて地方の危機が叫ばれていました。

泉崎ノ 明日ヲニナウ 子供タチニ
夢ヤ、希望ヲ 語ルコトノデキル
ソウイフ村長ニ ワタシハ ナリタイ。
泉崎村長選挙候補者
無所属
かなやまじゅん

なんとか泉崎村を健全財政にしようと小林村長さんは徒歩で東京に向かったり、村の住宅団地のセールスをしたりして有名人にもなっていたが、そのためか、心労が重なっての急死。この村長選に私が立候補したのですが、三年前の白河市長選も現職成井市長の急死での選挙……なんとも死神に憑かれたような私、嫌われた立候補だったのかなという気がしないでもない。単なる偶然であれば良いが……と。

小林村長のそんな努力があってその団地に越してきた連中、もちろん東京人だが、先に近くにあった豚舎なのに、「臭いからどかせ」と言い出し、とんでもない騒ぎになった。私は東京生まれ、東京人としてこの連中に異議申し上げるべく、小林村長の弔い合戦気取りで村長選に手を挙げた格好だった。

曰く、郷に入っては郷に従うべきと。また、売れ残っていた分譲地の販売条件にも注文を付けた。養豚業は村の重要な産業資源。これをぶち壊す誘致があってはならない。本来であれば、東京出身の候補者としては、東京からの移住者は願ってもない票田となるだろう、この団地から少なくも数百票は期待できたはずが、二四票という数字はほとんどゼロに等しい。

出馬する時に福島県内で手広くやっている学習塾の取締役副学院長のU君（青山学院大学の後輩で当時偶然にも同じマンションに住んでいた）から「泉崎は京都以上に閉鎖的だよ」と言われていたが、それでは村は発展しないと私の矛先は村民にも向けられた。

泉崎での選挙が最も私らしさの出た選挙と言うのは、まさしくこれだろう。票欲しさに私は頭を下げることができなかった。告示日早々に、泉崎村の新聞販売店と大喧嘩。私の選挙運動は、繰り返しになるが金が余っての道楽でやっているわけではないのです。この辺が全九回にわたって浸透しなかったのがとても残念だが、それも私の器量のなさだから仕方がない。

どんな喧嘩をしたかと言えば、なけなしの金を叩いて作った私のマニフェストとなる選挙のチラシ。一軒一軒ポストに入れることもできるだろうが、「こら〜、そんなもの入れるな〜」みたいな怒号を聞くのは御免なので、なけなしのお金を出して新聞折込をお願いすると、「お断りします」と門前払いを食らってしまったのだ。「なぜダメなの？」と問えば、「あなただから」と単純明快。おそらく私に敵対する相手方の支援者なのでしょう。

それにしてもすごいなあ、塾をやっている後輩が言った「京都よりも閉鎖的だよ」そのまんまだ。良くないよねえ、これでは夕張の二の舞だろうに。

その夕張、まったく余所者の東京都の一職員だった鈴木直道氏が立派に立て直して、今や北海道知事に上り詰めた。

泉崎は絆意識が強すぎて、井の中の蛙大海を知らずになってしまいはしないか。恨み辛みで言うんじゃないけど、二四票という数字は極めて異常だと思わざるを得ない。他者を受け入れる寛容さが無いと、ますます閉じ籠ってそのまんま江戸時代じゃないかな。

その典型が白河市だろうか。三度市長選に出てそれがよくわかった。

誇りある歴史を持つ白河市だが、余所者を受け入れない絆というよりは、こちらは頑迷だろう。白河の関という誇りが災いして、指導者連中に「おかしくないですか」と聞くと、一様に返ってくる言葉は「これでいいのだ！」なのだ。

どこかで聞いた言葉、赤塚不二夫の漫画『天才バカボン』の登場人物・バカボンのパパの口癖そのまんま。何度挑戦しても同じで、指導層をそっくり取り換えない限り松平定信の江戸時代から脱皮できないだろう。

白河で田舎生活をしませんかとマジにパンフレットまで作っている感性ではとても救われない重症。せめて、頭に「みなさん！　コニャニャチハ！」が入れば、ああ赤塚不二夫の世界が白河にあるのね、くらいには受け止めて関心を寄せてくれるでしょうが……。馬鹿にされているのがわからない、救いのない永久の井の中の蛙になってしまっている。

その典型が白河踊りである。敵対した戊辰戦争後に長州山口に持ち帰って踊り継がれているとか。白河では長州の兵を分け隔てなく長年にわたり丁重に弔っているとも言われている。

これは明治維新以降の薩長藩閥政治の一環の中での福島懐柔策に過ぎない、まったく根拠のない作り話ということが読み取れずに、平成三十年の県知事選では白河戊辰百五十周年記念事業を大々的にぶち上げる始末。

「甦る仁のこころ」をキャッチフレーズにして、のぼり旗を旧市内中全域に立て、市バスにもでかでかと描き、さらには市議会議員全員が陣羽織を着用しての議会、合同慰霊祭の会場に長州安倍晋三の祝辞ビデオテープが流され、涙を流さんばかりの白河市長。

なぜか会津若松市長は参席しなかったようで、百周年式典でも参席しなかったと記憶しているがそれが真っ当だろう、この白河のバカ騒ぎ。いずれも頭に「コニャニャチハ！」が付けば「ああ赤塚不二夫の世界ね」とパロディに受け止めての喝采はあるだろうが……。

これではただただ福島が馬鹿にされているのがわからない「井の中の蛙」ナノダ。大金をかけてののぼり旗、今はその原型をとどめないほどぼろ切れになってハタメクこともできずに残骸を天下に曝している。矢吹の国旗もひどいが、天下の白河がこの有り様、こんな街に誰が田舎暮らしを求めてやって来るだろうか？　来れば泉崎と同じになるだろう。

ここまで愛馬愛犬と歩んだ八回の選挙を回顧してきたけれど、最後に初めての出馬となる白河市長選の回顧、これは無投票阻止とかじゃなくて、純粋に白河以北一山百文という、東北蔑視の極みといえる差別用語の返上を目的とした出馬。馬という字を見ただけで、何か元気を貰えるほど馬好きが嵩じてここ白河に転居してきた私の、それこそ清水の舞台から飛び降りる気持ちでの一世一代の晴れ舞台。結果はともかく、オリンピックと同じく出ることに意義ありと思っての白河市長選でした。

一九四〇年生まれの私、奇しくもこの年、東京オリンピック開催が決まっていたのにもかかわらず戦争で流れてしまった因縁の年。来年はその東京オリンピックが開催され、しかもその聖火リレーのスタートが福島県、当然ここ白河を通ってゆくだろう。私にとっては殊の外感慨深い年になるだろう令和二年にこの本を刊行したくて書き綴っています。

それではすべての原点である二〇〇七年の白河市長選挙にバトンタッチいたします。

二〇〇七年　白河市長選挙

初陣の白河市長選挙。告示日二〇〇七年（平成十九年）七月二十二日、投票日七月二十九日。結果、投票率七一・六四％、現職の成井市長が急死されたため、立候補者はすべて新人。時期的には大信村、東村、表郷村、そして白河市が合併した直後の選挙でもあった。

当選の鈴木和夫氏（五十七歳）一五六五六票、以下得票順に、桜井和朋《たかとも》氏一一八五九票、吉田好男《よしお》氏八二五六票、金山屯五四〇票だった。

私が白河に越してきたのが二〇〇三年（平成十五年）四月、愛馬メアリーをもらい受けたのが二〇〇四年（平成十六年）十月ですから、まさに初陣は愛馬メアリーと共に戦った選挙でした。

その時のポスターはメアリーとのツーショット。ふざけているとか、選挙民を馬鹿にしているとか言われましたけど、このスタイルは全九回変わりませんでした。初志貫徹が私の選挙公約、一切ぶれることなく全選挙を終えた今、ころころ変わる安倍晋三首相に比べて、子供たちには誇って憚らない自分がいます。

曰く「虚言を言ふことはなりませぬ」で、会津藩が誇る什の掟には七つの「ならぬことはなりませぬ」がありますがその一つ。

ここで、全九回を通しての共通の苦言になりますが、現代版什の掟として現在の会津若松市教育委員が推進している「あいづっこ宣言」なるものがあって、それは誇るべき本家什の掟の「なりませぬ調」ではなく、まったくの現代風。

「あいづっこ宣言」

一、人をいたわります。

二、ありがとう、ごめんなさいを言います。

三、がまんをします。

四、卑怯なふるまいをしません。
五、会津を誇り年上を敬います。
六、夢に向かってがんばります。

やってはならぬ、やらねばならぬ。
ならぬことはならぬものです。

今や民間企業にまで波及しているとか。それが本家什の掟に似ても似つかぬ代物で、最も肝心の「虚言を言ふことはなりませぬ」が抜け落ちての六項目。一国の総理が恥も外聞もなく虚言を振り撒いている御時勢に会津はチャンと追随して憚らない。これは白河もまったく同じで、先人の努力を足蹴にしているとしか思えない状況が今の福島。

七十九歳の私が九回も選挙に出なければならなかったこれが現実。初陣を省みて、何の進展もない福島、はたして十回目出ることになるのかな？　その前に何とかこの長州のバカボン、退陣させるべきでしょう。

執筆中の今、桜を見る会＝安倍晋三後援会の公私混同が明らかにされて、長期政権の弊害が大騒ぎになっているが、私にとっては戊辰戦争の決着は未だならずで、明治維新以来の薩長藩閥政治の長きにわたる弊害＝アベノミクス安倍政権。県知事選でもこれを争点にして戦った。結果、相手にもされない大惨敗だったが、一万票を超す種は確実に撒くことはできたと思う。

今、全九回の選挙を振り返っての回顧ですが、初陣のこの選挙に志のすべてが凝縮されていることを知る。わずか五四〇票という種でしたが、愛馬愛犬と共に戦い歩んだ全九回で一万を超す種になったのだから、さらにこの数を増やして、見事白河以北一山百文の汚名返上という、夢の実現を若者たちに託し、その実現を願って回顧録を閉じます。

総　括

　全九回の選挙に合わせて自費出版した七冊の本の紹介として、帯文、あとがき等を抜粋し、参考文献としました。回顧録は時代を遡りましたが、ここ総括では、各本の刊行した時代順に並べました。

　都会育ちの私が一念発起して福島県の別荘地を終の棲家として買い求め、実際に移り住んで思わぬ選挙という事態に振り回され、その軌跡を辿るように自分史に似た特異な分野の本、すなわち、郷土の歴史をバックにファンタジックな物語を創作し、そこにはいつも語り部としての主人公の私がいるという、過去にないジャンルかと思うが、東北という魅力ある大地に取り憑かれた私なりの葛藤が、一本筋の通った一連の作品になったと自負しています。だから、選挙と私の刊行した本とは常に一体なのです。

総括では、そんな紹介となればと。要するに、今書いているこの本も、単なる回顧録ではなく、先の七冊に続く八冊目となる金山ワールドの本の一冊なのです。

二〇〇六年四月十五日　初版第一刷発行

『白い馬に乗った少年』

〈帯文〉

人々が紡ぎだす
夢と幸せの輪が
少年の悲しき想いを
今、救い出す

現代だからこそ
「真の平和」や
「命の尊さ」を
考える物語

〈あとがき〉

この本を手にして頂いた時から、あなたとこの本との縁《えん》が始まりました。この本があなたの夢や希望を実現させるための応援メッセージになればと、心から願っています。

私はこの本を通して私自身の夢が叶った様《さま》を書きました。即ち登場するKなる人物は私のことです。ストーリーはフィクションでも内容の多くは事実です。私にとっては限りなく事実にだぶる内容なのです。ですから、ある意味、これは私の自叙伝と言っても良いと思っています。

もし、あなたが夢や希望に向かって挫けそうになった時、是非、この本を読み直してみて下さい。この本が挫けそうになったあなたの心を支えてくれると思います。私は何度も何度も数え切れないほどの挫折を経験して、夢を実現することができました。諦めないことが大事です。そのためのヒントを随所に書き込みました。一つには人と人の縁です。また一つには地の縁、故郷の縁です。人の縁や所縁《ゆかり》がとても大事です。

夢と希望はまた幸せにも重なります。自分一人だけの幸せというものはありません。

あなたの夢や希望が叶った時、それはまたあなたの周りの人をも幸せにします。そんなことをこの本から読み取って頂ければ、あなたの描く夢や希望がとても大事なことわかると思います。

究極には、みんなが幸せになることが平和な世の中だと思います。夢や希望が叶う世の中はとても平和なんです。たとえ自分の夢や希望が叶わなかったにしても、誰かを応援することも自分の幸せに必ず繋がってきます。この本を通して、そんなことが皆さんに伝われば良いなと思っています。

森克矢君の絵も大変気に入っています。絵の数が八枚と絵本と言えないほどの数ですが、そのどれもが私の気持ちを十分過ぎるほど伝えてくれています。挫けそうになった時、この絵を見て元気を取り戻して欲しいと思います。

最後に打ち明け話になりますが、この物語の主人公は少年でもKでもなく「馬の青」なんです。題名からはわかりませんよね。当初は「青という名の馬」という題名にしようと思っていたのですが、随分迷った末、無難な題名になってしまいましたが「青という名の馬」には未練が残りました。

私が何度も挫けそうになった時、いつも側に動物がいました。そして挫けた数ほど「愛犬物語」「愛猫物語」がありました。青はそんな物語の主人公ということです。

私の場合、残念ながら人間ではありませんでしたが、それは個々人によって違うでしょう。ある人にとっては学校の正門に立つ大きな桜の木であるかも知れません。

いくつもの山坂を越えて歩む人生にあって、側で応援してくれる誰かがいれば心強いものです。この本がそんな形で役立ってくれたらなあと願っています。

この本との縁で始まったあなたの一つの物語が何時か何処かで幸福《しあわせ》で完結しますように……。

二〇〇七年五月十五日　初版第一刷発行
『愛馬物語』

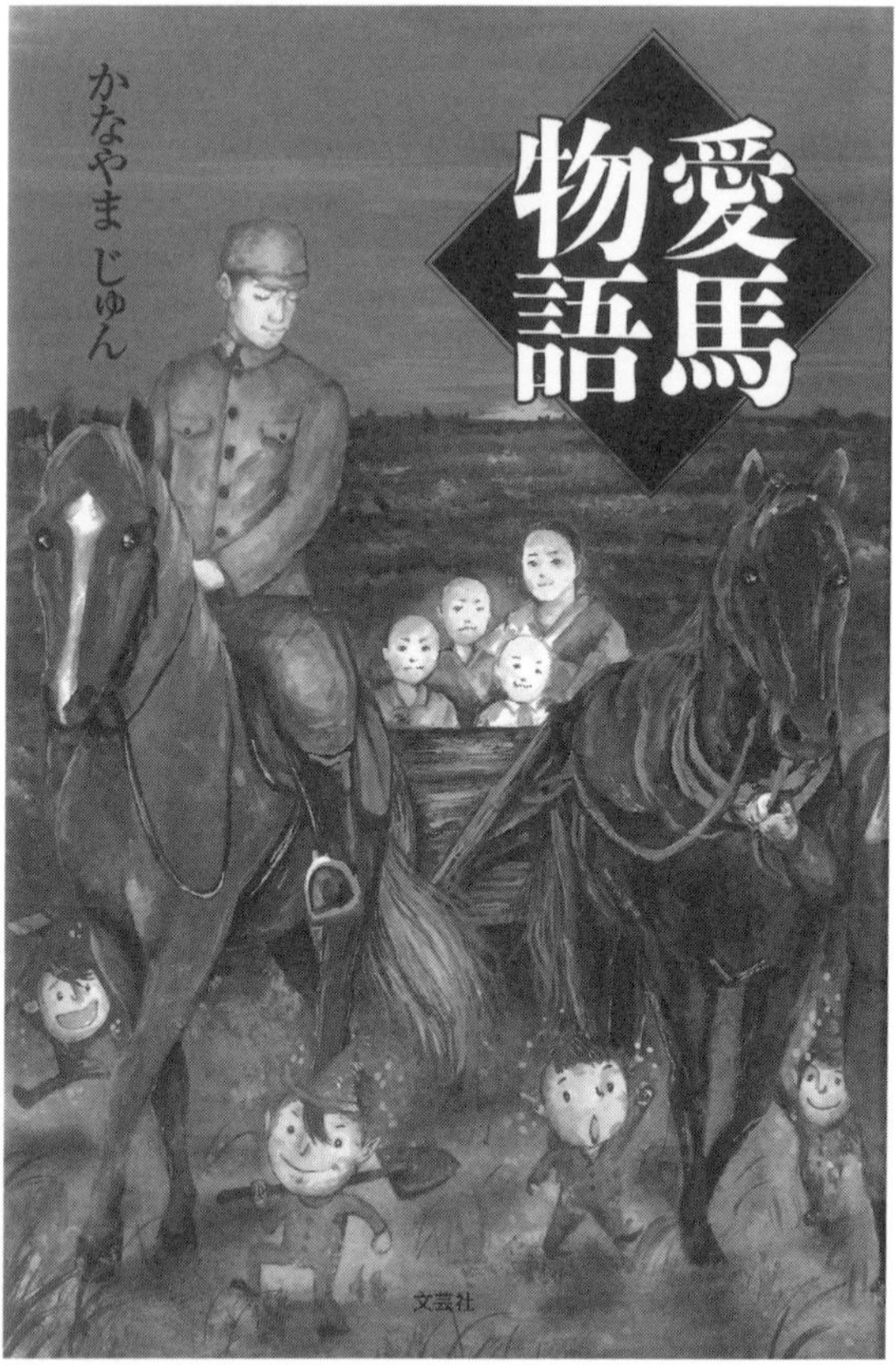

〈帯文〉
「ありがとう、さようなら」と
馬の北斗の化身に、心の内で呟いた。
馬を愛する主人公を軸に、現代社会の様々な歪みを気づかせ、
混迷の世、人々への指針を巧みに展開するユートピア賛歌である

〈あとがき〉

この「愛馬物語」は、同じ文芸社で昨年（平成十八年）発刊した絵本童話「白い馬に乗った少年」に引き続いて書いたものです。いずれも自分史に重なるもので、登場するKなる人物は今回も私自身です。

老後は大好きな馬と共に田舎でのんびり暮したいという学生時代の夢を叶《かな》えることができた私ですが、そこには様々な出会いがありました。そしてその出会いの一つ一つを紡いでゆくと、馬を絆とした一つの物語ができあがりました。「白い馬に乗った少年」はその第一作であり、「愛馬物語」は第二作ということになります。

運輸、農耕の機械化にともない、あたりまえのように生活風景に介在《かいざい》した馬が、温もりを感じる触れ合いはもとより、生活の場の視界から消えて、馬文化などということも遠い昔の一ページにほんの少し書き残される程度の人々の記憶となってしまいました。

私がいま実際に馬と山里で暮らしていて思う事は、人に懐《なつ》くその愛らしさは、もしも心の病む人であれば、その馬との触れ合いが全《まっと》うな癒しそのものになるという実感です。

いまで言うアニマルセラピーなのですが、なかでも犬や猫と違って、このホースセラピーは群を抜いています。大きな体でありながら、草食動物の特性としての繊細な気性が病む人の心には合うのです。馬はその大きいがゆえの見た目の畏怖《いふ》と裏腹に、瞳や仕草の優しさが混在同居して、結果穏《おだ》やかな微《び》妙《みょう》な調和が病んだ人の心の癒《いや》しになるのだろうと思います。

ここに登場する馬たちは軍馬ですが、農耕馬《のうこうば》も軍馬《ぐんば》も使役《しえき》用途の違いというだけで、人との触れ合いというやり取りに変わりはありません。可愛がってくれる人にはよく懐《なつ》き、虐《いじ》める人には蹴《け》ったり咬《か》んだりと反抗いたします。

私はいま六十六歳です。激動の昭和史はそのまま自分史でもあります。この六十数年で人の心はずいぶんと変わったと案じています。

そんな私が現役をリタイアして、山里に馬と暮す中で、変わらぬ大自然、変わらぬ動物たち（私の場合は馬）の可愛さに自《おの》ずと感じる心の安らぎに加えて、ひしひしと古き良き時代への郷愁を想う毎日です。

「愛馬物語」はそんな環境の中で書き綴《つづ》りました。荒《すさ》んだ心、病《や》んだ心、それを癒《いや》すのには、どんな医療、医薬品よりも昔も今も変わらぬ大自然、そして変わらぬ愛《いと》しい動物たちとの触れ合いが有効だと思います。

この物語は、昭和という自分史とも重なる叙事詩《じょじし》であり、人恋しくいななく馬たちへの抒情詩《じょじょうし》でもあります。また人が生きる道標《みちしるべ》として、天・地・人のバランスの取れた社会を理想と掲《かか》げる、ユートピア讃歌《さんか》でもあります。そんな作者の意図《いと》が少しでも伝われば幸いです。

第一作の『白い馬に乗った少年』に同じく、この『愛馬物語』も絵本として仕上げることができればと、絵本作家をこころざす前回に同じ森克矢《もりかつや》君におねがいしましたが、ページ数が膨《ふく》らんだ事と、内容的に読者のイメージングの多様さを大事にと言う判断から、カバーリングの絵のみとなりました。この絵一枚に森克矢君には精魂《せいこん》込《こ》めて描いていただきました。

結果、私の古いアルバムの中にあったセピア色に変わった私の家族の一枚の写真をモデルとして、なんとも言えぬ郷愁《きょうしゅう》を漂わせた心打つ絵を仕上げてくれました。物語を象徴《しょうちょう》としたこの絵に魅《み》せられて、たくさんの方に読んでいただけたらと願っています。

著者

二〇〇七年二月

二〇〇八年五月十五日　初版第一刷発行

『男の花道
白坂・卯の花街道』

〈帯文〉

幕末から明治維新の
激動の時代を
〝信〟に生き抜いた
男たちの物語

奥州白河を舞台に、
東山道先鋒総督府参謀・
板垣退助、官軍勝利の

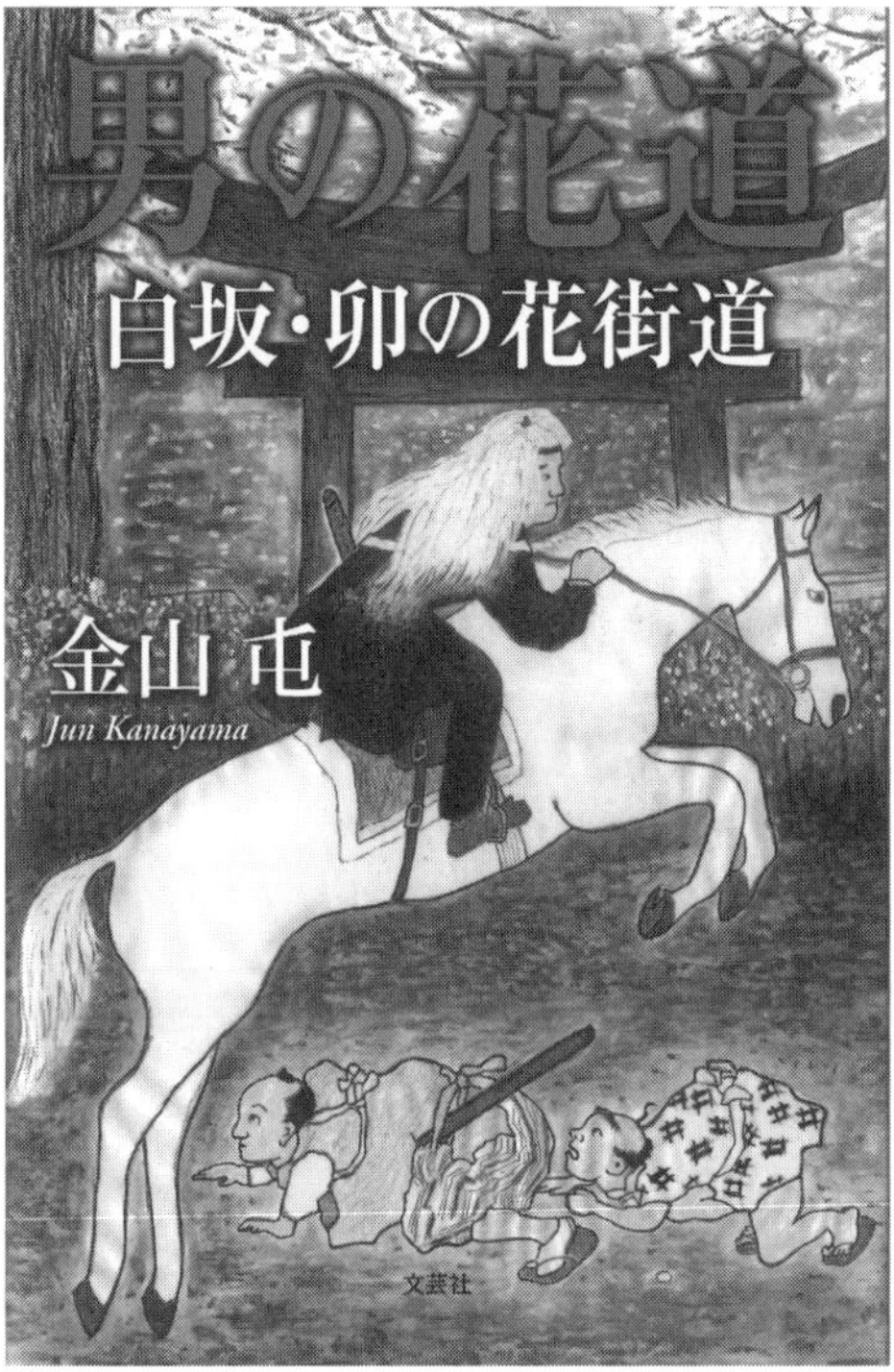

陰の立役者・大平八郎と
石井勝弥の3人の男たちの
「信」に生きる人生を描く。

〈あとがきに代えて〉

陸奥《みちのく》白河の名は、古来、西の都人《みやこびと》の憧れの地として知られる所です。
私は、「馬が好き」「城下町が好き」、老後はそんな気持ちが叶えられたらよいなと、漠然とそんな夢を描いて、学生時代を都会で過ごしました。社会に出てからはそんな夢を描いたことも忘れて、あっという間に四〇年が過ぎました。そんな私でしたが、縁があって、この城下町の白河に都会から転居してきました。そして、四年の歳月が過ぎました。

その間、元々ライフワークとしていた子供向けボランティア活動をするなかで、さまざまな縁の繋がりがあって、隣接した西郷村の里山に馬を飼うこととなり、学生時代に描いた夢が見事に現実に叶ってしまいました。

活動を広めるなか、さらに縁の絆が不思議にも次々と展開して、ついにはファンタジックに郷土の歴史に重ねて子供向けに書いた二冊の本、『白い馬に乗った少年』『愛馬物語』を出版することにもなりました。いずれも意図して書いたものではなく、縁が縁を呼んで、郷土の地霊が生み出した、そんな思いがいたします。

縁は異なものです、この二冊の本を書くに当たって、取材かたがた、次々と縁の絆がさらに広がり、新たに、今度は大人向けに、同じくファンタジックに、郷土の歴史を書きたくなりました。またまた、地霊が私を呼んでいるのでしょうか。

取材に当たってては、本当にたくさんの人にお会いして、お話を聞くのですが、この地に生まれ育ったにもかかわらず、郷土の歴史をあまり知らないという人に、しばしば出会います。歴史ある、文化香るという白河市ですが、意外にも、郷土の歴史について、一般にはそれほど知られていない現実がありました。そして間違った歴史認識や、また無関心もありました。

特に戊辰の役時、白河の攻防はまさに新しい日本誕生（明治維新）という天下分け目の戦いであったのですが、この時、大きなドラマが白坂の宿で展開されたことを、図書館での資料から私は知りました。しかし不思議なことに、なぜか、郷土の人々には、ほとんど知らされていないのです。

さらに不思議なことに、この白坂でのドラマは幾人かの郷土の人によって書かれてはいるのですが、その書き手によって大きく違うのです。郷土の誇りとするもの、恥とするもの、ただ事実を書き記すだけのものと、一定しないのです。これが一般に膾《かい》炙《しゃ》しない原因であろうと思われました。私としては、「なぜ？」と大変興味の覚えるところとなりました。

戊辰の役の後、白河以北一山百文という東北蔑視の如き風評、伝聞が広がりました。今もそれをひきずっていますが、これはなぜなのかも大きな疑問であります。

これらの疑問は、芭蕉の『奥の細道』以来、白河の関は一体どこであったかのミステリーに繋がるのではないか、私にそんな直感がひらめきました。私は、このミステリー解きにぐんぐんと惹き込まれていき、まさに地霊に導かれたようなファンタジックな謎解きになったのが、今回の作品となりました。

白河市の観光パンフレットには旗宿にある「関の森」が白河の関とし、現実に観光地としての整備もされています。これが一般となってもいます。しかし、私が郷土史としての資料を読むごとに疑問に思うことが多々あるのです。

その一つに、境の明神が二所の関としては、疑いのないところではありますが、なぜか観光地として取り上げられることの少ないのが、不思議でなりません。二所の関はまさにこれより陸奥《みちのく》とした奥州街道の国境であり、ずばり「白河の関」そのものだと思うのですが……。

以上のような疑念が、当地に住む人々には全くないのでしょうか。よそ者としての私には、どうにも釈然としないのです。

そこで私の推理は、戊辰の役時の会津軍の布陣に大きな誤りがあったという前提で展開いたします。「白河の関」がこの戦いの要衝であるという認識は両軍にあったはずなのですが、その「白河の関」が一体どこなのかが、会津軍自身わからなかったのではないか。境の明神に見張りも立てずに、ずうっと後退した稲取山に布陣して、白坂本陣を簡単に官軍に明け渡しているのです。「従是北白川領」の石柱を倒して「従是北会津領」の木柱に立て替えていながら、そこを死守するという発想がまるでありません。

勝敗の分かれ目は、実にこの点ではないか。東北の要衝にある神社を蔑《ないがし》ろとした「祟り」とまでは言わないまでも、この境の明神（二所の関）を死守しなかったことにあると、私は「なぜ」の謎解きの一つに思いました。

そこで、東北の玄関口としての境の明神に舞台を設定して書いたのが本作品となりました。それはまた、「白河の関」の本命はこちらだろうの意図も当然ありますし、果たしてどちらなのかというミステリーがあってもよいかとは思うのですが、その迷いが結局東軍の敗戦に繋がったと推理いたしました。

白河以北云々は、この境の明神を基点としていることは間違いのないところです。であれば、人々の信仰心が問われていると思わずにはおれません。私の謎解きは、人々の「信」の有無という問いかけということになりました。

「信」に生きた三人、板垣退助、大平八郎、石井勝弥を、戊辰の役時の境の明神、白坂の宿を舞台背景として、ファンタジックにドラマを展開させて、一つの謎解きに挑戦したのが、本作品となったわけです。史実上、この三人の接点は当然あるのですが、三人の絡み合いとなる多くの部分がフィクションですので、ご了承願うところであります。

私が白河に住むことになってからの不思議の縁は途切れることなく続きます。それが、石井浩氏との出会いでした。浩氏は「二所の関」第十三代関守であり、まさに地霊のようにこの地を守って住まわれている方です。氏の実父、石井勝弥氏は、この境の明神（二所の関）こそ「白河の関」であると熱心に説いていたということでもあり、本当に不思議な巡り合わせであります。本作品を書くに当たって、たくさんの貴重な資料の提供を浩氏からいただきました。ここに、改めてお礼申し上げます。氏の資料無くして、本作品の誕生はなかったと思います。

この作品で、新たな夢を描いています。それは「卯の花街道」と呼ばれている「境の明神」「二所の関」を起点とした道の両側を、その名の通り、卯の花垣にできないかということです。観光地として整備された「関の森」に比べても、遜色ない名所になるのではないかと思っています。

卯の花の時期に、延々五キロメートル（境の明神〜松並）にわたって卯の花が咲き誇れば、東北を訪れた人にとって玄関口でもありますから、「東北のおもてなし」として、最高のアプローチになるのではないでしょうか。「境の明神」「二所の関」の懇《ねんご》ろな環境整備とともに私の白河市へのお願い、提案であります。

実はこんな試みを実際に施工した人が、先人にいたのです。それは卯の花垣ではなく、松並木でした。施行したのは、関の森が白河の関のあった所と推定した、これが確定したことのように伝えられて現在に至っているのですが、それが松平定信公なのです。なんとも皮肉なことではあります。

それは南湖の松並に同じ頃ですから、現存すれば見事な松並木街道として、立派に観光地として残ったと思うだけに残念です。今となっては、松並という住所地名として残るだけとなった、幻の松並木ですが、伐採消失したのが、戊辰の役時でした。戦がもたらした負の遺産がここにもあります。

石井勝弥氏の『白坂郷土誌』の原本の「白河白坂間道路並木」とした項目に、当時の状況が記されています。

＊

　天明年間松平定信公白河城主タリシ時、往還旅人ノ為ニ炎暑ヲ防キ四季人目ヲ喜ハセル風致林トシテ　又雨雪ニ由ル道路破壊ヲ防カシ為メ、白河町九番町ノ入口ヨリ白坂町明神部落ノ北ノ入口ノ処マテ道路両側ニ松並木ヲ植エラレタリ。其間田地ノ畦畔ニ関カハルヘハ、越後ノ國ヨリ『タモ』ト称スル木ヲ取寄セテ植エラレタリ。白河畷ノト処両側、小丸山部落北ノ入口ノ処、皮籠部落ト小金橋ノ間ト、白坂愛宕山下字新切ノ両側ト明神字衣更清水一番田地ノ西側トニ植ラレタリ。但此ノ木ハ田畦ニ樹シテ其根張リ田地ヲ害セスト理由ヲ以テナリト。尚白坂町地内ノ並木敷地貳石四斗六升四合ハ免租セラレタリ。……

　……戊辰ノ役、白坂町カ官軍ニ占領セラレタルトキ、大垣藩二百五十人黒羽藩三百人ニ由テ守備セラレタルガ、其際白坂町南北入口ノ並木数十本ヲ伐リテ夜々篝火ト為シタリ。

今この道を歩いても、見事に一本残らず、松並木の松は見当たりません。再び松を植えるのは無理にしても、卯の花である空木《うつき》であれば、それほど難しいことではないと思います。

そんな夢を市民が共通に持ち実行すれば、白河が東北の玄関口として、再び脚光を浴びるのではないか。この本がそんな道標になれば、これに勝る幸せはありません。

そのためにも、資料は原本どおりに、また数多く引用させていただきました。

二〇一〇年一〇月十五日　初版第一刷発行

『ようこそまほろばみちのく
白河二所の関』

〈帯文〉
旧奥州街道の栃木県と福島県の境にある白河二所の関。

奈良・平安時代の都人《みやこびと》の憧れの地と知られ、歌枕にもなっている白河の関が一体どこにあったのか、古くより諸説あって未だに判然としていない。白河をこよなく愛する著者がこの白河ミステリーとも言われる謎にスポットを当て、ロマン溢れる妖精の物語に仕立て上げた。

白河の郷土史の生き字引ともいえる石井浩然氏の特別寄稿をはじめ、白河の関について書かれた様々な文献に解説を付けて紹介。来るべき道州制を目前にして、真の人間の豊かさを求めて、めざすべき東北の有り様や、明治維新まで奥州一の宮として栄えた白河二所の関の再興などを具体的に提言。これは、白河二所の関を起点とした著者のまほろばみちのく讃歌である。

二〇一三年八月十五日　初版第一刷発行

『赤い靴はいてた女の子
愛《クピド》と魂《プシュケ》物語【陸奥編】』

〈帯文〉
この物語は、世界ではじめて世界一周を果たした岩崎きみ（定説では野口雨情の『赤い靴』のモデルと言われる）を主人公に設定して、奇しくも大震災時に純朴な東北の人々の中に垣間見ることとなった古き日本人の死生観の是非を、改めて世界に問う壮大な愛《クピド》と魂《プシュケ》の物語である。

極悪非道の罪人でも宗教心をもってすれば、これを赦すこともできる。自然災害で多くの命を失った時は不運と諦めるだろう。これが古き日本人の死生観だった。しかし、東日本大震災で起きた福島の原発事故の場合はどうだろう。想定外とはいえ人災だから賠償の多寡で赦す赦さないとなる新たな死生観を生み出すことになるのだろうか。被災地である福島県白河市に住む著者はこれを否とし、原発のない《まほろば》の国を模索している。

〈あとがき〉

書き終わって、心配なことがあります。私としては五冊目となる自費出版です。過去の四冊は、自費出版の限界と言いますか、増刷されることなく売れ残って私の手元に大量に返ってきました。今回も同じように売れ残って返ってくるのであれば、心配することではないのでしょうが、万が一に増刷ともなると嬉しいことであり、それを願ってもいるのですが、首長選挙に四度出たのに合わせたように自費出版が重なっているのには、私なりにぶれない、一貫した、選挙に出る、あるいは本を自費出版する、強い動機があってのことでした。今となっては年齢が年齢ですから、続いてまた選挙に出るということは、体力的にもなくなったと自覚していますし、また自費出版にしても、資金的にこれが最後のパフォーマンスだろうと思います。

であれば、これが最後と思って、三ヶ月ほどの時間をかけてこれに没頭して書き綴り、脱稿した今なのですが、作中にも何度か断りとして、これは飽くまで創作ですと言いながら書いている自分でも、創作とはいえ事実との接点があまりにも多くあり、事実との区別がつかないでいるのです。

ですから今、あえて重ねて、これは創作ですと改めてお断りしたいと思うのです（私が区別できないでいるように、読者の方も事実と受けとめ兼ねないのではないかと危惧しているんです）。

私の思いは、一貫しているが故に、最初に出版した二〇〇六年にまで遡り、あれもこれもが夢現《ゆめうつつ》の状態で、その思いはそのまま良き昔の懐古に変わり、遙か大昔の子供の時代にまで遡っての三ヶ月でもありました。

そんな夢現の中でも、思い出すのはなんと言っても、山里で共に七年間も暮らした愛馬メアリーのことです（これは事実です）。

今回の自費出版を含めた五冊の本全てに、この愛馬メアリーが必ず出てきます。今回は、きみちゃんがデンバーで心の友達としたスヰートがそうですし、メアリーが実際にロッキー山脈を越えて日本にやって来たという事実が重なっての創作となりました。

メアリーの名前が出たので、また脱線になりますが、文中にも書きましたように本来アメリカ名の ANONYMITY だったのを私が勝手に子供にも分かりやすい名前を考えるにあたって、年齢的におばさんなので、メアリーおばさんという名前が思い浮かび、それをそのまま付けた名前だったのです。しかし、今、本の装丁にメアリーときみちゃん、そして私がごろりと横になって寝て夢を見ている構図の絵を構想として何枚か描いているのですが、きみちゃん像がなかなかうまく描けないでいたら、これもたまたまですが、石井勝弥が牧師の時に使用したと思われる聖書の絵カードの中から一枚の少女のカードを見つけました。

「あっ、これだ！」

と思ったわけです。そのカードには次のように書かれていました。

THE BEATITUDES.

Matt 4-25 to 5-12

GOLDEN TEXT. Blessed are the pure in heart:

for they shall see God.

カードの裏にも英語でびっしり、どうやらキリストの言葉が書き連ねてあります。私は青山学院に学びながらもクリスチャンではないので、また英語をすらすら読むこともできないので、あれこれ書いてある意味を調べて驚きました。

このTHE BEATITUDESというのは、有名なキリストの山上の垂訓八というお話で、'Mattというのはマタイ伝のことで、その何章、何節だかに出てくる話なんですね。語の直訳・和訳は至福、無上の幸福とあって、つづいて、キリストが山上の垂訓中に説いた八つの幸福の教えと書いてあります。カトリックで言う真福八端、正教会で言う真福九端。cf. マタイの書とも。

前記したGOLDEN TEXT. 以下を要約するとこんな話になるようです。

《心の貧しい者は幸いです。天の御国はその人たちのものだから。
悲しむ者は幸いです。その人たちは慰められるから》

こんな調べ物をしていたら、その中にメアリーという言葉が出てきたんです。あれ？

と思ってこれも調べましたら、メアリー＝聖母マリアなんですね。メアリーは聖母マリアの俗称と言うのか、通称と言うのか、そんな使い方がされているのです。「おいおい、お前、本当に青山学院を出ているのか？」と言われちゃいそうですが、実のところ、私が学んだ時の青山学院院長が大木金次郎氏で、その時期はまさに高度成長期の真っ只中にあり、それに合わせて氏が青山学院を大変革したらしく、その功績も称えられるのでしょうが、青山学院の建学精神の拠り所である神学部を大変革と同時に廃したのはその大木氏でした。今思えばまことに残念で、本多庸一没後百年を期して、建学精神を見直すためにも、神学部の復活を期待したいし、東日本大震災復興に当たって、それを強く願ってもいる今回の自費出版でもあります。

というのは、本多庸一と石井勝弥との関係は青山学院だけではなく、本多庸一は弘前津軽藩で石井勝弥はその先祖が盛岡南部藩ということもあり、それぞれが基督教に身を投じる前は自由民権運動を介して、あるいはまた青森、福島を地盤とした地方議会議員、あるいは議長としてたびたび触れあってもいたということがあります。文中でも書きましたが、勝弥は亡くなる直前に若者の教育に宗教が欠かせないと書き残してもいます。そこには庸一の影響が大いにあったと思います。であれば、青山学院神学部を白河に立ち上げる意義は十分にあり、そんな白河における学園都市構想があってよいと思います。また、いち早く支援に駆けつけたアメリカをはじめとして、今や《フクシマ》の名は原発禍で世界的に有名にもなり、その復興が注目されてもいます。福島空港の存続が懸念されている今の状況下、国際都市白河を目指してもよいと思うのです。原発禍に喘ぐ福島の復興に当たって、福島市、郡山市に比べて放射線量の低い白河が先頭に立っての大プロジェクトを掲げて戦ったのが前回の私の白河市長選挙でもありました。残念ながらこの声が選挙民に届くことは叶いませんでしたが、今一度の立候補は無理でも、私は、そんな望み、夢を捨てたわけではありません。

今回の自費出版には、東北復興の夢をも重ねているのです。

そんなことからも、メアリー＝聖母マリアとは嬉しい限りです。表紙の装丁とする絵はこれで決まりです。天使となったきみちゃんの育ての親エンマはまさに聖母マリアに同じということもありますし、メアリー（聖母マリア）を中心として、寄り添うきみちゃんがいて、そのそばに、夢見る私がごろりと寝ている構図。きみちゃんは本来なら黒髪でしょうが、天使になったきみちゃんですから、これも金髪でよしとしました。

この作品もまた、先の四冊と同じく愛馬メアリーに、改めての感謝と、今回はさまざまな祈りを込めて捧げたいと思います。

二〇一三年春吉日

金山　屯

二〇一五年二月十五日　初版第一刷発行

『赤い靴はいてた女の子　紐育《ニューヨーク》編
那須白河がニューヨークになる日』

〈帯文〉

目指そう！
争いのない世界を
すべては〈心〉とともに

ある日、「私」は再び
きみちゃんに導かれ
その〈使命〉を知る
時代、場所を越え

不思議な縁で結ばれた
〈善なる魂〉の物語

〈はじめに〉

二〇一三年に上梓《じょうし》した前作『赤い靴はいてた女の子　愛《クピド》と魂《プシュケ》物語　陸奥編』は、明治時代に幼くして亡くなった岩崎きみちゃんと、私が師と仰《あお》ぎお付き合いをいただいていた石井浩然先生を主人公にした物語でした。

ある日の夢の中に、見ず知らずの赤い靴（木靴）を履《は》いた、「きみ」と名乗る女の子が現れました。私の亡き愛馬メアリーの痛む脚を気遣《きづか》って、赤い木靴を履かせるなどして戯《たわむ》れるという夢でした。

そんな夢を見た数日後、浩然先生を見舞って、思いがけない話を打ち明けられました。先生は見ず知らずの外国の女の人と女の子が、父親と一緒にお迎えに来たと言うのです。しかも、女の人と女の子は、見慣れない赤い靴を履いていたと。この日の深夜に、先生は百歳の天寿を全《まっと》うされました。後《のち》の調べで、私の夢に登場した「きみ」

と名乗った女の子と、先生の言う、お迎えに来た女の子が、岩崎きみちゃんという実在人物とわかりました。

近年、岩崎きみちゃんが野口雨情作詞の童謡「赤い靴はいてた女の子」のモデルだという定説に対して、それは捏造《ねつぞう》だとする本が出版され論議を呼んでいました。そこで、私の創作として新たなきみちゃんの生涯の物語を綴《つづ》りました。それも石井浩然先生ご本人、及び先生の父親で自由民権運動家であり、メソジストの牧師でもあった勝弥氏、さらに石井家の係累《けいるい》の歴史を遡《さかのぼ》り、思わぬ展開をしていくという筋書きでした。

この歴史的検証に多くの説明を要し、肝心の物語性がぼやけた感は否《いな》めず、読者の心には今ひとつ物語の言わんとするところは届かなかったようです。

物語の結末としては、きみちゃんと浩然先生が天界で結ばれ、ふたりで力を合わせ、東日本大震災で大きくダメージを受けた東北の復興《ふっこう》に大きく貢献《こうけん》したいと、特に原発から大量の放射性物質が拡散して子供たちの健康が心配されてもいる福島に、きみちゃんとしては大きく関心を寄せ、力になりたいと強く心に誓うところで終わっています。

そんな問題を投げかけたところで物語を終えて、今一年が過ぎようとしています。その福島に住む私から見ても、遅々《ちち》として復興の進まない現状が有り、この間も、子供たちは放射能を浴《あ》び続けているわけです。そこで、きみちゃんと浩然先生が、どんなふうに子供に寄り添って、復興に関わっていくのかを、続編となる今回の主たる筋書きとしたいと思ってはいます。しかし、私自身、今は何もわからないでいるのです。

心もとない書き出しで何とも恐縮ですが、前作に同じく、ふたたび私の夢の中に、見も知らない誰かが訪《おとず》れて、神の啓示《けいじ》の如《ごと》くに、何かを告げるみたいなことが起きるのかもしれません。

〈おわりに〉

前作の『赤い靴はいてた女の子』は「愛《クピド》と魂《プシュケ》物語　陸奥編」と題して、きみちゃんと浩然先生のお二人を主人公に、愛と魂について書きました。「紐育《ニューヨーク》編」とした今回は、日米親善を歴史的な流れの中に再発見し、改めて世界における日本の在り方、世界の平和、その重要性を、東日本大震災をきっかけに考える、そんな、前作に同じくスケールの大きな課題に取り組んだものとなりました。今回の主人公は、日米親善の証《あかし》のようにして存在した、お人形さんのベティちゃん、福島絹子さんのお二人です。

前作も、今回の作も、いずれもあまり馴染みのない旧約聖書の創世記を参考に、かなりの部分が影響されて書いています。だからといって、私がキリスト教について精通しているわけでは全然ありません。むしろ、まったく疎《うと》いと言って良いと思います。ただ漠然と、今の殺伐《さつばつ》とした世の中は、人の心に宗教心が薄れて、さまざまな問題を起こしているのではないかの思いもあって、時に新旧の聖書を紐解き、参考にして書いたまでです。

さて、六冊目となる出版ですが、これで本当の最後になると思います。前作でも同じようなことを言っているので、当てにはならないと受け取られてしまうかもしれませんが、私としては、最後のつもりで書いていましたので、内容的には全六冊の集大成、回顧録風になったのかなと思います。というのは、この六という数字が、意味深なのです。

私ども夫婦は子供に恵まれませんでしたが、その分、私としては、子供に関わることは何でも首を突っ込んで、関心を寄せました。そんな生活習慣は、歳を重ねるのに合わせるようにエスカレートして、何も人の子ばかりが子供ではないだろうと、関心の対象が犬であったり、馬であったり、野鳥であったり、やがては動物に限らない森《しん》羅万象《らばんしょう》が関心の対象となっていきました。人は老いると子供に返ると言いますから、まさにその通りで、子供が何にでも興味を持って接するのと同じですね。ただ違うのは、子供には経験が少ないですから、興味を持ったのは結構なことですが、「だからどうする」という、その先の行動には限界があります。

一方、私（老人）は人生経験が長く、さまざまな経験が豊富にありますから、といっても、私の場合は挫折の連続という負の遺産みたいな経験で自慢できるものではありませんが、興味の対象に接しての、その後の行動は、子供とは大きく違いましたね。この感覚は、高齢になられた方なら、わかっていただけると思います。ですから、長年培われた経験は人それぞれ違うでしょうから、リアクションもそれぞれが違い、それがとても面白い、楽しいと感じ取る、そんな生き方をすれば、老いるということは、実に愉快なことだなあと、全六冊を書き終えて改めて感じるところで、これは大きな収穫でした。

話が脇道に逸《そ》れて、六という数字がどこかへ行っちゃいましたが、縷々《るる》述べたように、私の場合は自分の子供には恵まれず、しかし、その分を、いわゆる子供全般に大きく関心を寄せて年老いた今があるということになり、出版した本それぞれにそんな思いを込めて書き上げましたので、世に出た本そのものが、私にとっては自分の子供でした。そして六冊ですから、六人の子供を私は世に出したということになります。

（私にとって六という数字の因縁、思い出してください。ベティが生んだ子犬も六匹でした。さらに、復興対象の東北も六県なのです）

そこで、六人の子供といえば、すぐに思い浮かべるのは六地蔵さんです。子供を守ってくださる菩薩像と言われています。

（先ほどはキリスト教、ここでは仏教、いずれも精通した上での話ではありませんので、その点、お断りして続けます）

宗教的な意味合いは詳しくはわかりませんが、五冊でおしまいと思っていた私のところへ見知らぬ外国の女の子が夢枕に立って、六冊目を出しなさいと、それも前作の続編をと具体的な啓示をしたのですから、こだわりの六冊目ということでもあります。子供に関心を寄せて書いた私の六冊の本は、六地蔵さんに守られて多くの子供たちに読み継がれていってほしいなあなんて、赤毛のアンに負けない想像力を働かせて期待をしています。

それでは、みなさんごきげんよう。ここまで、拙《つたな》い文章にお付き合いいただき、読んでいただいたのであれば、心より御礼申し上げます。そして、あなたさまに、幸多かれと、心よりお祈りいたします。

改めて、みなさん、ごきげんよう。

二〇一八年三月十一日　初版第一刷発行
『赤い靴はいてた女の子
コウノトリの郷　白河編
白い鳥《コウノトリ》になった六人の乙女』

〈帯文〉

未来を担う子供たちが安心して暮らすことができるよう

平和を願い、それを実現するための心の持ち方、考え方とは――

戦時下とはいえ希望に満ち溢れた

人生を謳歌しながらも天に召された

六人の少女の物語

ＳＮＳで十代の女の子の自殺願望の書き込みが多いと報道されています。完結を迎えた『赤い靴はいてた女の子』三部作の主人公は最も多感な十代の青春を迎えることなく九歳という若さで亡くなった実在した女の子です。生きていればどんなにか素晴らしい一生だったかと、その無念さを私に告げるために私の夢枕に立ったことが発端でこの物語はできました。十代では夢のような希望に溢れる素晴らしい人生を思い描いて毎日を過ごす素敵な時間が豊富にあります。子供たちにはこの素敵な時間を経て、人生を全うして欲しいと強く思います。

〈序〉

『赤い靴はいてた女の子』と題して平成二十五年に陸奥編、平成二十七年に紐育編《ニューヨーク》と続けて二冊を刊行して二年が過ぎた。紐育編では子供たちから白河をニューヨークに模した都市、それも世界に先立つ国際平和都市にして欲しいと遠大な望みを半ば押し付けられるように引き受けて終える内容だったが、いまだ何をすることもなく過ぎた二年となっている。

というのは、紐育編を刊行してすぐに私は大腸癌《がん》のステージ4、余命五年を宣告され、思わぬ死線を彷徨《さまよ》っていたことによる。そして、奇しくも東日本大震災に同じ三月十一日に手術を受けることになった。

運命とは皮肉なものだと改めて思う。あの震災で福島が、東北が、そして日本が、更に言えば世界がおかしくなると危惧して書き上げた本の刊行に合わせて死ぬことになるのかと……。となれば、子供たちとの約束を果たせないことになり、私ができるわけもない大事業とわかってはいても無念さを残して死ぬのは本意ではない。

そこで私はとんでもない行動に出た。術後の抗癌剤治療中の病床にあるのにもかかわらず、三ヶ月後に行われた七月五日の白河市長選（平成二十七年）、続けて同年十一月十五日の福島県議会選挙と続けて立候補し、白河を国際平和都市にするプロジェクトを公約に掲げて飛び回ったのだ。

が、何せ食欲低下、手足の痺れに苦しむ抗癌剤の治療中という半病人、死に損ないの状態で、後援会無し、選挙運動員のいない、私一人だけだから大した選挙運動もできずに、いずれも大差で落選。しかし、県議選では原発容認の現職三人を相手に、供託金の戻る票を獲得。抗癌剤で超体調不良でなかったらもっと頑張れただろうし、そんな裏事情を知らない選挙民の反応（病《やまい》を押して出馬したことへの同情票は皆無だろうから）に確かな手応えを感じた選挙ではあった。

あれから二年、奇跡的に再発なしに手足の痺れや術後の腸閉塞等に悩まされながらも生き延びている。宣告通りなら、残る余命は二年と少し。

白河を国際平和都市にするには市長になる以外に道は無いだろう。何とか、その道筋だけでもと、毎日毎日考えない日はない。日に日に衰える体力も心配の種。別に律儀にそんな子供との約束、元々が自分が書いた物語の延長に過ぎないじゃないかとも思うが。

次回の市長選挙でとなれば私も八十歳。それまで生き延びられる保証はまず無いし、また、選挙民が八十歳の市長誕生を望むわけもないだろう。

であれば、自分で書いた物語の顚末《てんまつ》、ハッピーエンドにしようが、「期待に沿えずごめんね」で終わらせようが、私の気持ち一つ。

「そうだよね」と、生涯の腹心とした（注：紐育編に詳しく書いた）今は亡き愛犬ベティ（いつだってそばにいて見守って呉れている）に聞きました。

いやー、驚きました。ベティだけじゃなく、はるばるニューヨークから一団になってやって来て私を監視していたのか、きみちゃんを始め福島絹子さん（注：これも紐育編に詳しく書いた福島からアメリカに贈られた答礼日本人形）も、いやいや日本の子供、アメリカの子供、全員が一斉に声を揃えて、

「ハッピーエンドに決まってるじゃ～ん」

と、私の背を押しました。いつ死んでもおかしくないと思う日々ですけど、この子供たちが私をかばっているんですね、死神から。そして、ハッピーエンドの物語の書

き出しを今か今かと待ちわびていたようです。

　ということで今回もまた、子供たちに後押しされてハッピーエンドの完結編、構想は全く無いわけではありませんよ。序はこれくらいにして、子供たちの期待を裏切らない完結編になるよう、書き綴ってみます。


〈あとがき〉

　世界に類のない国際平和都市白河の誕生を夢物語風に書き終わって、全く蛇足にも思うが、どうしても繰り返し念を押してまでも書かねばならないと思うこの物語のモチベーションの一つに、先の大戦の実体験というのがあります。戦争を実際に体験してものを言える世代は、敗戦時に五歳であった私達の世代が最後の世代だろう。

　先の大戦で血を多く流した人達の犠牲があって創り上げた平和憲法が、今一滴の血すら流したことのない世代によって、謂れのない動機の下、平和憲法の心髄である第九条が反故《ほご》にされようとしている。古事記に見る、古き良き時代の大和心、日本の心に照らして果たしてどうなのかを次代を担う若者諸君には、私が戦争の語り部となり、今の日本を戦没者の方々が無念の思いで見ておられるであろうその思いの一端でも伝えられればと。

特に、これも大きな縁に思うが、私の妻（昭和十九年生まれ）の父親は沖縄琉球王朝の直系で、先の大戦で多くの同胞を失い、また敗戦により一族の広大な土地家屋一切をアメリカ軍に没収されて東京に移住したという経歴を持つ。しかし、子である妻はその一切の体験を聞いたことは無いと言う。私もまた聞いたことが無い。それ程に、戦争とは、無益で、辛く、悲しいことだったと推察する他は無いが、私もまた中国からの引き揚げ者で、両親から当時の生活の苦労話を直接聞くことは無かった。でも、戦禍の実態は朧気《おぼろげ》にも私自身が覚えていて、最小限の実体験ではあるけど、語り部として不足ということはないだろう。また平和憲法の改変を画策する為政者には、この物語を以て一無名の七十七歳の老人の書いた『箴言集』としたい。

なお、表紙の絵についても説明が要るだろうと思う。描きあがって妻に見てもらったら、第一に目立った鳥はカモメと言われてしまった。更には、祠が墓に見えたらしく全体に暗いとも。こちらが期待した返事と真逆だったこともあって、これを表紙とした私としては説明せざるを得ないのだ。

　まずは、カモメに見えた鳥は本の内容を知ればコウノトリとわかるのは当然に思うが、私が「カモメじゃないよ」と言うと、「それじゃ、鶴ネ」と言われてしまった。それ程に鳥としてはマイナーな存在とも言えるコウノトリ。私も実際には見たことがない鳥だ。コウノトリと言えば、赤ちゃんを運んで来る、言わば幸せをもたらす世界的にはラッキーな鳥として知られる。文中にも書いたが、日本でも留鳥としてトキと同じように当たり前にいたようで、トキ以前に早くに絶滅したこともあってマイナーな扱いとなっているのだろう。

　私としては鳥の名前としてのコウノトリはもちろんだが、その姿に注目して欲しい。その飛ぶ姿が十字架に見えませんか？　それに重ねて、祠を墓と言われると、まさに墓場そのものになって、暗くなっちゃうのですが、祠は墓場を連想する仏教ではなく日本神道で言う、神を祀った社の小規模なもので、語源で言えば、神道用語の「ほくら（神庫、宝庫）」の転訛と言われている。これだったら眩しい程の金塊を連想してもらえば暗くはならないだろう。私としてはそう願いたい。

更にくどく説明すれば、この絵から紐解かれるのは、キリスト教と、日本神道との合作を意味しているんです。私事で恐縮ですが、著者プロフィールに青山学院大学卒、馬術部ＯＢとなっておりますが、そもそもの縁の始まりがここにあるんです。青学の建学精神と言われるのが「地の塩、世の光」なんですが、「世の光」はわかるにしても、「地の塩」って、一般の人にとっては「何ですか？」でしょう。私だって、青学に学びながら「キリスト教概論」は必修科目ではあるんですが、受洗して信者にならなければいけないなんてことまでは強制されませんので、まあ単位が取れればそれで良しってなもんで「地の塩、世の光は、新約聖書の山上の垂訓の一つである」とか、まして、マタイ福音書の五章十三節から十六節にその記述があるなんてことは、このシリーズとして書いている『赤い靴はいてた女の子【陸奥編】』に書きましたが、師と仰ぐ石井浩然先生のお父上が青山学院の神学部を卒業されて牧師となられて一生を終えられた等があって、聖書を改めて読んで知り得たことです。元々が私は右翼を自認する程に神道大好きな人間ですから、執筆に合わせて学ぶ中で、互いに共通点の多いことを知り、改めてキリスト教に惹かれ、前作【紐育編】を書いたという経緯もあります。

ただ、紐育編ではヒラリー・クリントンさんが女性初のアメリカ大統領になることを想定して、副題として「那須白河がニューヨークになる日」としてしまったが、とんでもないアメリカファーストのトランプ氏の出現で、とんだ目算外れとなってしまいましたことはお詫びしなければなりません。

そのトランプ新大統領は、アメリカの格差社会を一層深刻化させて、ニューヨークもその例外ではないようで、とても那須白河が目指す都市ではなくなってしまいました。

そのように、前作ではニューヨークを模した那須白河を目指したわけですが、最終編となる今回は、他の都市を模するのではなく、まさに日本独自に、キリスト、神道、合作の「地の塩、世の光」を目指すべきであって、郡山・白河がその場所としてもっとも相応しいと。従って、表紙の絵はそのことを象徴させて描きました。カモメに間違えられた一羽の鳥は、コウノトリの郷の誕生を一番に心待ちにして建鉾山を君臨する日本武尊の化身であるコウノトリなのです。それは、単なるコウノトリではなく、この表紙の本を手にした人に幸いあれと願って精魂込めて描いた、白い鳩もそうですけど、まさに幸せを運んで来る、白い鳥を代表してのコウノトリなのです。

さて、そこで「地の塩」とはですよね。調べると様々に解説が書かれていますが、最も身近なものに、日本では清めの塩という習慣があります。お葬式の帰りの玄関で撒くとか、大相撲では土俵を清める大量の塩が使われますよね。塩＝清め、あの塩と解釈して間違いないでしょう。従って、地の塩＝みなさんということは、清き人になりなさいということでしょう。そのためには多くの犠牲が伴います。十字架に架かった私がお手本になるでしょうと、これがキリストの山上の垂訓の一つと言われる所以《ゆえん》です。

白女（現在の白河旭高校）の六人は若き尊い命を犠牲にして清き化身、幸せを運ぶコウノトリになりました。そして神として靖国に祀られたのですから、私たちにとっては、キリストに同じ、希望の星と崇めて良いのではないでしょうか。

六人の乙女の化身コウノトリの群生する平和都市郡山・白河が誕生すれば、キリストの山上の垂訓に集まった群衆に同じく、建鉾山に多くの観光客がコウノトリの郷が一望に見える場所としてお参りすることになるのではないかと期待したいものです。その場所は古代の祭祀場《さいしじょう》でもあるわけですから、その磐座《いわくら》は日本の神々に限らず、キリストを含めたパワースポットそのものということにもなります。

以上をもってあとがきとしますが、最後に、年月はかかるにしても、世界に先駆けた未来の国際平和都市郡山・白河の設計図が、この物語によって朧気にでも皆さんに伝わることを祈ります。そして、実際に手がけてもらえればと願っております。

＊　＊　＊

■表題の『我が闘争』について

同書名でヒットラーの著書があまりにも有名で奇をてらってのことだろうと大方の読者は思い込むのではないか、これはわかる。まして、副題に愛馬、愛犬の名前が連なっているのだから。

しかしながら読み込んでいく過程で、ヒットラーとは違った国粋主義を感じ取ってもらえないだろうか、そんな淡い純な気持ちをぶれずにひたすら戦った九回の選挙と八冊目となる自費出版。

ヒットラーは国粋主義が高じて沢山のユダヤ人を殺害しましたが、私は真逆。三島由紀夫はともかく、大日本愛国党の山口二矢君の神格化を是として憚らない私。八冊目の八は正に八紘一宇の八、地球上の人類、世界がひとつ屋根の下にが平和の礎。天皇陛下万歳とハイル・ヒットラーは根底から違う。天皇は何の権力もなくただひたすら国民の平和、世界の平和を祈っている。

ここまで書けば充分だろう。山口二矢は浅沼稲次郎氏を標的に壇上で凶行に及んだのではない。戦後の腐敗した日本の政治に天誅を下したのだ。たまたま壇上では氏が演説中であったということ。二矢は氏が熱烈な神道の信徒であることを知って獄中で自決している。壁に自らの血で、天皇陛下万歳、七生報国と書き残し、これを詫びた。十七歳にしてこの潔《いさぎよ》さが人の心に響き、右翼によって神格化された。

こんな思いで書き下ろした『我が闘争』ですが、実際に本となって世に出るのに六ヶ月ほどの時間を要する。この間に世界的なコロナ禍が起きた。私は直ぐに神風が吹いたと思いましたね。ここは説明が要りますね。

プロの作家になりたいとか、政治家を志す気持ちなど微塵もないのにあれよあれよと九回も選挙戦に出馬、これを後押しするように自費出版。私の行動のすべてに目に見えない天の囁きがあるんです。

私のそれぞれの行動には大変な金額が掛かるんですが、路頭に迷うことなく今があります。人に金持ちのお遊びと言われる所以でもあるんですが、私自身が不思議でなりません。天命？　と思うと、そうかなあと思ったり。実際に、ステージ４の癌で余命五年と宣告されていながら、抗がん剤治療で殆ど食欲なしで、病床から市長選に出馬した時は夜な夜な病院のベッドに横になって目を閉じると濃霧のようなベールに包まれて、手を目の前に翳《かざ》しても、その手が見えない不思議な世界を体感していました。

今、世界がコロナ禍の最中、第二波、第三波まで予告されて、世界が不穏な空気に満ち満ちている。この時期に合わせるように『我が闘争』が出版される巡り合わせ、これも不思議。先の大戦で日本が掲げた『八紘一宇』は日本の平和憲法にそのまま重なります。コロナ禍は争いの絶えない人間の傲慢に対する神の鉄槌、正に天誅。岩手も、白河もコロナ感染者ゼロ。これは偶然ではないだろう。コロナ禍が東北、日本にとって神風になる。平和憲法の出自は東北の自由民権運動家千葉卓三郎、鈴木安蔵であることを忘れてはいけない。

著者プロフィール

金山 屯（かなやま じゅん）
1940年、東京都生まれ
青山学院大学卒、馬術部OB
「馬いななく町」を広める会主宰
バーチャルスクール「白河乗馬学校」経営
福島県白河市在住

【既刊書】
『白い馬に乗った少年』（2006年4月、文芸社刊）
『愛馬物語』（2007年5月、文芸社刊）
『男の花道　白坂・卯の花街道』（2008年5月、文芸社刊）
『白河二所の関　ようこそまほろばみちのく』（2010年10月、文芸社刊）
『赤い靴はいてた女の子　愛《クピド》と魂《プシュケ》物語【陸奥編】』
（2013年8月、文芸社刊）
『赤い靴はいてた女の子　紐育《ニューヨーク》編　那須白河がニューヨークになる日』
（2015年2月、文芸社刊）
『赤い靴はいてた女の子　コウノトリの郷　白河編　白い鳥《コウノトリ》になった六人の乙女』
（2018年3月、文芸社刊）

我が闘争　愛馬メアリー、愛犬ベティと歩んだ東北復興　全九回の選挙戦回顧

2020年8月15日　初版第1刷発行

著　者　金山 屯
発行者　瓜谷 綱延
発行所　株式会社文芸社
〒160-0022　東京都新宿区新宿1－10－1
電話　03-5369-3060（代表）
03-5369-2299（販売）

印刷所　株式会社フクイン

ISBN978-4-286-21776-5